AF536363

Dr. med. Gerhard Gleißner

GESUND LEBEN MIT DEM STOIZISMUS

Wie Sie durch die Philosophie der alten Stoiker seelisch und körperlich gesund bleiben

Dr. med. Gerhard Gleißner

GESUND LEBEN MIT DEM STOIZISMUS

Wie Sie durch die Philosophie der alten Stoiker seelisch und körperlich gesund bleiben

Bibliografische Information der Deutschen Nationalbibliothek
Die Deutsche Nationalbibliothek verzeichnet diese Publikation in der Deutschen Nationalbibliografie. Detaillierte bibliografische Daten sind im Internet über http://dnb.d-nb.de abrufbar.

Für Fragen und Anregungen
info@finanzbuchverlag.de

1. Auflage 2023

Türkenstraße 89
80799 München
Tel.: 089 651285-0
Fax: 089 652096

Redaktion: Franz Leipold
Korrektorat: Silvia Kinkel
Umschlaggestaltung: Marc-Torben Fischer
Umschlagabbildung: Tanja Ghirardini Fotografie
Satz: Carsten Klein
Druck: GGP Media GmbH, Pößneck
Printed in Germany

ISBN Print 978-3-95972-649-8
ISBN E-Book (PDF) 978-3-98609-247-4
ISBN E-Book (EPUB, Mobi) 978-3-98609-248-1

Weitere Informationen zum Verlag finden Sie unter
www.finanzbuchverlag.de
Beachten Sie auch unsere weiteren Verlage unter www.m-vg.de

Für meine Familie

INHALT

WARUM SIE DIESES BUCH LESEN SOLLTEN

Die römischen Philosophen der Antike, die Stoiker, waren vor 2000 Jahren der Ansicht, dass die Gesundheit nicht in unserem Einflussbereich liegt.

Ich behaupte: Wer den Stoizismus praktiziert, wird …

- … mit großer Wahrscheinlichkeit seelisch gesund bleiben,
- … mit geringerer Wahrscheinlichkeit körperlich krank werden,
- … als Kranker leichter wieder gesund werden.

Wie können wir aber auf etwas einwirken, das nicht in unserem Einflussbereich liegt?

In den folgenden Kapiteln werde ich auf dieses »stoische Paradoxon«, wie ich es nenne, näher eingehen; zugleich werde ich zeigen und beweisen, dass der Stoizismus tatsächlich eine der effektivsten Methoden darstellt, unsere Gesundheit günstig zu beeinflussen.

DIE STOA

Ursprung und verwandte Philosophien

Zenon von Kition (333/332–262/261 vor Christus) gründete die Stoa um 300 vor Christus als philosophische Schule. Die Wurzeln der Lehre liegen aber bei dem wohl größten Philosophen des Abendlandes, dem Griechen Sokrates (469–399 vor Christus). Mit seiner Formel »Ich weiß, dass ich nichts weiß« verkörperte er den Skeptizismus, der den Stoizismus nachhaltig beeinflusste. Sein *sokratischer Dialog* – ein ständiges Hinterfragen von subjektiven Wahrheiten – stand im Zentrum seiner praktischen Anwendung. Er wurde von den Stoikern übernommen und lebt nach über 2000 Jahren noch heute in den kognitiven Psychotherapien fort.

Sokrates' Schüler Platon (428/427–348/347 vor Christus) und Aristoteles (384–322 vor Christus) gründeten jeweils Schulen, um ihre Lehren an die Allgemeinheit weiterzugeben: Platon die Akademie und Aristoteles den Peripatos, auf welche die Stoiker folgten.

In einer Zeit des politischen und gesellschaftlichen Umbruchs in Griechenland setzte der Zerfall des Weltreiches von Alexander dem Großen (356–323 vor Christus) ein. In diesen Krisenzeiten suchte man nach Halt, nach dem Sinn im Leben und nach Antworten auf die Frage, wie denn ein gutes Leben aussehen sollte. Als wichtigster Faktor für ein glückliches Leben (altgriechisch eudaimonia) galt in der Antike die Seelenruhe (altgriechisch ataraxia). Sie war gleichermaßen das Ziel des *Skeptizismus* und des *Epikureismus*.

Die Philosophie des *Skeptizismus* hat sich Sokrates' Maxime zur Grundlage gemacht, der zufolge die Menschen nichts Genaues wissen können und wesentliche Dinge des Lebens und der menschlichen Existenz stets hinterfragen sollen. Letztlich wurde dieses Motto zum Motor der wissenschaftlichen Denkweise und des daraus folgenden Fortschritts in der Moderne – dabei stellt man die Dinge immer wieder infrage und sucht nach neuen Perspektiven und Lösungen.

In ethischer Sicht führt dies zur stoischen »Epoche« (altgriechisch epoché = zurückhalten); nach ihr sollten wir versuchen, die Dinge und unsere Mitmenschen möglichst wenig zu bewerten. Wir können uns niemals sicher sein, im Urteil über die Umstände oder Mitmenschen immer richtig zu liegen.

Der *Epikureismus* versucht, kurz zusammengefasst, alles zu vermeiden, was Schmerzen oder Unlust hervorbringt. Dies ist aus psychologischer Sicht jedoch nicht unproblematisch, da es zu *Vermeidungsverhalten* führen kann und damit auch dem Hauptziel der Epikureer, der Seelenruhe, zuwiderläuft. Entgegen vielen Missverständnissen verfolgt der Epikureismus aber keinen ungezügelten Hedonismus. Der Namensgeber und Gründer dieser mächtigen Philosophie war der Grieche Epikur (341–271/270 vor Christus).

Weitere Anregungen erhielt die Stoa vom *Kynismus*. Diese antike Philosophie war der Ansicht, man könne innere Unabhängigkeit (Autarkie) durch Bedürfnislosigkeit und Verzicht gewinnen –

nach dem Motto: Wenn ich nichts brauche oder nichts besitze, bin ich von nichts oder niemandem abhängig und erreiche damit die Seelenruhe und das Glück.

Aus heutiger Sicht würden wir das Leben der Kyniker als das von Schmarotzern oder Obdachlosen bezeichnen. Sie lebten einerseits asketisch in Einklang mit der Natur, andererseits traten sie streitbar für ihre Prinzipien ein. Sie sahen zum Beispiel die Befriedigung des Geschlechtstriebes als so natürlich an wie das Stillen des Hungers. Der bekannteste Vertreter der Kyniker war Diogenes von Sinope (413–323 vor Christus).

Aufbau

Die gesamte Lehre der Stoa umfasst neben der Ethik auch noch die Bereiche der Logik und der Physik.

Die *Logik* beschäftigte sich mit dem vernünftigen, folgerichtigen Denken, um dadurch neue Erkenntnisse zu gewinnen und Fortschritt zu erzielen. Zum anderen sollte man die erworbenen Einsichten und Erkenntnisse ja auch den anderen Menschen mitteilen und vermitteln können – dafür waren vernünftige sprachliche (rhetorische) Fähigkeiten sehr wichtig.

Die *Physik* versuchte, den Aufbau der Welt beziehungsweise des gesamten Kosmos zu erklären. Anders als bei der heutigen Naturwissenschaft spielte hier zusätzlich die Theologie mit hinein. Die Stoiker bezeichneten diesen Gesamtzusammenhang als *logos* (Wort, Sinn, Vernunft). Der *logos* entspricht einer übergeordneten Einheit, auf die alles zurückgeht; somit haben theologische Gesichtspunkte in der stoischen Physik einen festen Platz.

Die stoische *Ethik* steht im Mittelpunkt der Philosophie der Stoa. Die Logik und Physik liefern für die Ethik zusätzliche theoretische Grundlagen, Hilfen für das Verständnis und die praktische Umsetzung.

Inhalt

Die aktuelle populäre Literatur über die Stoa behandelt fast ausschließlich den Teilbereich der stoischen Ethik. In ihrem Mittelpunkt steht die stoische Seelenruhe, sie ist der Schlüssel zum glücklichen Leben.

Und wie erreichen wir die Seelenruhe? Sie entsteht im Wesentlichen dadurch, dass man die Realität anerkennt. Alles, was uns im Bruchteil einer Sekunde passiert, ist die Realität und Gegenwart, die ebenso schnell zur Vergangenheit wird. Aus den verschiedenen Realitäten, denen der Mensch in jeder Sekunde, Minute und Stunde seines Lebens ausgesetzt ist, fügt sich sein Schicksal zusammen. Um die Seelenruhe zu erreichen, sollte man beides – Schicksal und Realität – akzeptieren.

Wenn der Stoiker nach den Regeln der göttlichen Ordnung des Kosmos, dem *logos*, lebt, bringt er seine menschliche Vernunft in Einklang mit der göttlichen. Dadurch kommt Struktur in das Denken und Handeln. Man lernt, wann man etwas als schicksalhaft akzeptieren muss und wann man frei handeln kann.

In der praktischen Anwendung soll der Stoiker erstens seine unpassenden Vorstellungen hinterfragen; zweitens überprüft er, was sich überhaupt in seiner Macht befindet, um dann drittens im Sinne der stoischen Tugenden zu handeln.

Epochen der Stoa

Ältere und mittlere Stoa

Als Begründer der Stoa gilt Zenon von Kition (333/332–262/261 vor Christus). Er gelangte nur durch Zufall infolge eines Schiffbruches nach Athen, dort schloss er sich dem Philosophen und Kyniker Krates von Theben (365–285 vor Christus) an.

Nach ungefähr zehn Jahren gründete Zenon eine eigene Philosophenschule und unterrichtete seine Schüler in einer bunten Säulenhalle (altgriechisch *stoa poikilè*), daher der Name Stoa. Weitere wichtige Vertreter der älteren Stoa waren Kleanthes von Assos (331–232/231 vor Christus) und Chrysippos von Soloi (276–204 vor Christus). Letzterer war wahrscheinlich der wichtigste Vertreter der älteren Epoche, er verfasste mehr als 700 Schriften. Besondere Verdienste erwarb er sich um den Ausbau der stoischen Logik.

Die ältere Stoa war noch stark von antiken Idealen und vom Kynismus beseelt, sodass sie sehr sittenstreng wirkte, wenn sie Bedürfnislosigkeit und Verzicht forderte.

Um circa 180–150 vor Christus begann die Zeit der mittleren Stoa. Mit dem Schulleiter Panaitios von Rhodos (180–110 vor Christus) verlagerte sich der Standort der Philosophie von Griechenland nach Rom und beeinflusste dort die führende Bürgerschicht maßgeblich.

Panaitios lockerte die strengen Regeln der Älteren. Dadurch vergrößerte sich der Anhängerkreis deutlich. Es war nun auch für Stoiker möglich, Gefühle zu zeigen und maßvoll Vermögen und Besitz zu haben.

Jüngere Stoa

Die jüngere Stoa von 50 vor Christus bis 100 nach Christus bildet schließlich den Kern der Lehre, auf den wir uns heute meistens beziehen, wenn wir vom Stoizismus sprechen. Ihre gewichtigen und charismatischen Vertreter waren Seneca, Epiktet und Mark Aurel.

Der allmählich fortschreitende Untergang des Römischen Reiches und der unaufhaltsame Aufstieg des Christentums trugen zum Niedergang des Stoizismus ab 200 nach Christus bei.

Die Protagonisten der jüngeren Stoa

Seneca

Lucius Annaeus Seneca, auch Seneca der Jüngere, lebte von 1 bis 65 nach Christus. Er war Philosoph, Dramatiker, Politiker sowie Erzieher und Berater des Kaisers Nero (37–68 nach Christus). Man kann ihn durchaus als schillernde, teilweise widersprüchliche Persönlichkeit bezeichnen.

Als Mensch litt Seneca seit seiner Kindheit unter lang andauernden Erstickungsanfällen, sodass im jungen Erwachsenenalter sein Lebensmut sank. Möglicherweise war er an Asthma bronchiale oder an einer chronischen Tuberkulose erkrankt. Dennoch nahm Seneca seine Krankheit bestens an und führte ein vielseitiges, spannendes und interessantes Leben. In seinen zahlreichen Werken war ihm die seelische Gesundheit der Menschen ein besonderes Anliegen, und er entwickelte eigene psychologische Techniken. Die Motivation dafür ist wahrscheinlich im schwierigen Umgang mit seiner eigenen Gesundheit zu sehen.

Seine politische Karriere begann er circa ab 49 nach Christus, als er Erzieher und Berater des Kaisers Nero (37–68 nach Christus) und zu einem der mächtigsten und reichsten Männer seiner Zeit wurde. Seneca besaß in den Jahren 54–58 nach Christus ein Vermögen von 300 Millionen Sesterzen.[1]

Sein Zögling Nero war einer der umstrittensten Kaiser der römischen Geschichte. Die ältere Geschichtsschreibung urteilte voreingenommen und einseitig über Nero, neuere Autoren belegen dagegen durchaus sehr positive Eigenschaften. Wahrscheinlich kompensierte Nero in seinen späteren Regierungsjahren seine Schwäche und Übersensibilität durch Grausamkeit. Er bezichtigte schließlich auch seinen Berater und Erzieher Seneca der Verschwörung gegen ihn und zwang ihn zur Selbsttötung. Der Suizid gelang Seneca erst nach vergeblichen Versuchen, sich die Pulsadern zu öffnen, durch das Leeren des Schierlingsbechers im Stile seines Vorbildes Sokrates.

Als Philosoph ging es Seneca, wie allen Stoikern der jüngeren Stoa, um die Weiterentwicklung der Philosophie. Er legte sehr viel Wert auf das praktische philosophische Handeln, weniger auf das Theoretisieren.[2]

Sein Hauptwerk sind die *Epistulae morales ad Lucilium* (Briefe über Ethik an Lucilius). In den 124 Briefen an seinen wohl fiktiven Freund versucht er, diesen zum ethisch guten Leben zu motivieren. Der Leser fühlt sich durch den appellativen Charakter des Briefstils gut angesprochen; Seneca schreibt in kurzen, verständlichen Sätzen. Auch in anderen Werken wie *De ira* (Über den Zorn), *De vita beata* (Über das glückliche Leben), *De tranquilitate animi* (Über die Seelenruhe) geht es um bis heute zeitlose Themen.

Seneca bietet dem Leser griffige Patentrezepte an, wie man zum Beispiel mit Wut optimal umgeht. Der Tod war ohnehin ein ständiges Thema in der antiken Philosophie. Seneca sieht das Glück als etwas an, das wir steuern können und das damit in unserer Eigenverantwortung liegt. Durch kognitive Klarheit könne der Mensch die Seelenruhe erreichen. Senecas *euthymie* bezeichnet die »Widerstandsfähigkeit der Seele«, was dem modernen Begriff der Resilienz entsprechen dürfte. Er empfiehlt weiter eine Art »Pflege des Geistes« (lateinisch *cura animi*) die eine Vorläuferform einer heute gebräuchlichen psychologischen Therapiemethode ist (ABC-Modell von Albert Ellis, vgl. Kapitel »Der Stoizismus und die kognitive Verhaltenstherapie«, Seite 65ff.). Seneca hält die Annahme einer göttlichen Vorsehung im Sinne des *logos* für Angst reduzierend und beruhigend.

Man kann sagen, dass Seneca viele spezifische Strategien der modernen Psychotherapie vorweggenommen hat. In seiner Trostschrift wendet er sich an Marcia, eine Freundin, die ihren Vater und ihren jüngeren Sohn verloren hat. Infolge der seelisch unzureichend verarbeiteten Trauer leidet Marcia im heutigen Sinn an einer Depression: »Magst du auch festhalten und umarmen deinen Schmerz, den du dir als Ersatz an die Stelle deines Sohnes gesetzt hast.«[3]

Seneca setzt dabei als Therapie das auch heute noch übliche Prinzip der Konfrontation ein: »Alles werde ich zur Sprache bringen, und wieder aufreißen will ich, was schon vernarbt ist.«[4]

Marcia weicht also dem Schmerz durch den Tod des Sohnes aus, indem sie sich in ihre chronische Depression flüchtet. Heute würde man dieses Trauma und die Verarbeitung als *Posttraumatische Belastungsstörung* (PTBS) bezeichnen. Die moderne Therapie besteht darin, nach einer angemessenen Wartezeit der Trauer die schrittweise Konfrontation mit dem Trauma durchzuführen. Genau das hatte schon Seneca vor über 2000 Jahren empfohlen!

Seneca haftete bereits zu Lebzeiten der Makel der gelebten Widersprüchlichkeit an – wie kann er zum Beispiel als Philosoph den Verzicht einfordern und selbst ein Leben als vielfacher Millionär führen?

Ich bin Seneca jedoch dankbar dafür, dass er uns gezeigt hat, dass man auch als reicher und berühmter Mensch Stoiker sein kann. Er hat maßgeblich dazu beigetragen, den Stoizismus weiterzuentwickeln, und ein umfassendes schriftliches Vermächtnis hinterlassen. Seine wichtigen zeitlosen philosophischen Erkenntnisse wirken bis heute in der modernen kognitiven Psycho- und Verhaltenstherapie fort.

Epiktet

Epiktet kam circa 50 nach Christus in Hieropolis (heutiges Pamukkale/Türkei) auf die Welt. Er starb im Jahr 138. Seine Mutter war Sklavin, er wurde also in diesen Stand hineingeboren. Der Name Epiktet bedeutet in etwa »was gekauft/erworben wurde« und erinnerte ihn lebenslang an seinen Status als Unfreier. Er gelangte als Sklave nach Rom und kam dort in die Dienste von Epaphroditos (20/25–95 nach Christus), ebenfalls ein früherer Sklave, der es als Mitarbeiter und Sekretär des Kaisers Nero zu Wohlstand und Einfluss gebracht hatte.

Epiktet sah sich schon als Sklave zu Höherem berufen und schrieb sich in die Philosophenschule von Gaius Musonius Rufus (30–101/102 nach Christus) ein. Da es eine übliche Praxis in Rom war, intelligente und gebildete Sklaven freizulassen, wurde diese Auszeichnung auch Epiktet circa 68 nach Christus zuteil. Epiktet lehrte nun in seiner eigenen Philosophenschule in Rom etwa 20 Jahre lang, bis Kaiser Domitian (51–96 nach Christus) etwa 89 nach Christus alle Philosophen aus Rom auswies.

Epiktet ging mit seinen Schülern nach Nikopolis im Nordwesten Griechenlands und lehrte dort mit großem Erfolg. Obwohl es ihm nach der Ermordung Domitians möglich gewesen wäre, nach Rom zurückzukehren, blieb er dort. Vielleicht sah er sich in Griechenland den Wurzeln der Philosophie und seinem Vorbild Sokrates näher. Es ist überliefert, dass Epiktet einen bescheidenen Lebensstil pflegte, den er auch in seiner Lehre propagierte. Dennoch gelang es ihm, seine Schüler durch seine charismatische Persönlichkeit zu beeindrucken und zu begeistern.

Epiktet wäre überhaupt nicht damit einverstanden, wie wir heute Philosophie betreiben: durch ständiges Theoretisieren und Zergliedern bis zur Handlungsunfähigkeit und kompletten Verwirrung. Epiktet wollte eine Philosophie, die zu konkretem Handeln anleitet, die gewisse innere Widersprüche hinnimmt, aber dafür praktisch umsetzbare Handlungsbeispiele anbietet: »Der erste und notwendigste Bereich der Philosophie ist die Anwendung der Prinzipien.«[5]

Epiktet hat zeitlebens nur unterrichtet, aber nichts aufgeschrieben und kein eigenes Werk hinterlassen. Dies holte sein Schüler Arrian (Lucius Flavius Arrianus, 85/90–145/146 nach Christus), ein römischer Politiker und Geschichtsschreiber, erst nach Epiktets Tod nach. Arrian schrieb in den Vorlesungen seines Lehrers mit und veröffentlichte dessen gesammelte Erkenntnisse dann später in den *Lehrgesprächen* und in dem *Handbüchlein der Moral*, (*Encheiridion*, bedeutet so viel wie griffbereit). Damit hängt Epiktets schriftlichem Nachlass immer der Makel an, nicht original zu sein.

Als Mensch war Epiktet erstens durch seine körperliche Behinderung geprägt: Ein Bein war seit der Kindheit entweder durch eine Verletzung oder eine Krankheit in der Funktion eingeschränkt, sodass er hinkte. Zweitens beeinträchtigte seine Standeszugehörigkeit als Sklave zumindest anfangs seine philosophische Entfaltung. Die zweifache Einschränkung der körperlichen und sozialen Freiheit (= *Freiheit im Äußeren*) hat ihn als Sklave veranlasst, diese Nachteile durch die Philosophie zu kompensieren. Er wollte sein Vermächtnis, innere Freiheit auch in den schwierigsten äußeren Umständen zu finden, allen Menschen zur Verfügung stellen.

Epiktet lebte sehr bescheiden, er hatte wohl keine Partnerin und keine Kinder. Er verschrieb sich gänzlich seiner Philosophie und setzte den Weg seines Vorgängers Seneca als wichtigster Vertreter der jüngeren Stoa fort. Wie Seneca übernahm er die von Sokrates vorgezeichnete Technik des Hinterfragens der Ereignisse und der Gedanken und gab seinen Schülern dafür konkrete und einprägsame Beispiele an die Hand. Teilweise ergänzte er dabei Seneca, brachte aber anderseits sehr viele neue Aspekte mit ein.

So formulierte er das wahrscheinlich bedeutendste stoische Prinzip, das die moderne Psychotherapie am stärksten beeinflusst hat und damit auch die größte Auswirkung auf unsere seelische und auch körperliche Gesundheit hat. Ich bezeichne diese Methode im Folgenden mit meinen eigenen Worten als *Vorstellungs- und Machtprüfung:* Zunächst sollen wir unsere unangemessenen, dysfunktionalen Vorstellungen überprüfen und infrage stellen. Die Machtprüfung hilft uns dabei zu erkennen, ob sich unser Denken und Tun überhaupt in unserem Einflussbereich befinden.

Das zweite dominierende Thema Epiktets ist die innere Freiheit, die sich hauptsächlich aus der Anwendung seiner Vorstellungs- und Machtprüfung ergibt. Auch die innere Freiheit hat einen wesentlichen Einfluss auf unser Wohlbefinden, sie trägt zur Reduktion von Ängsten und damit deutlich zur allgemeinen Gesundheit bei.

Insgesamt hat sich Epiktet ebenfalls um das wichtigste Ziel aller antiken Philosophien, die Seelenruhe, verdient gemacht. Seine äußerst praktischen Übungen sind dabei am wirkungsvollsten, um über die Gelassenheit der Seele psychisches Wohlbefinden zu erzeugen. Auch wenn seine Methoden hauptsächlich auf die menschliche Psyche zielen, beeinflussen Epiktets Techniken nicht nur nachhaltig unsere seelische, sondern auch unsere körperliche Gesundheit. In den modernen kognitiven Psycho- und Verhaltenstherapien wurden seine Prinzipien weitgehend übernommen und werden heute noch angewandt.

Mark Aurel

Mark Aurel (121–180 nach Christus) steht in mehrerlei Hinsicht für einen Wendepunkt: Er gilt als der letzte bedeutende antike Stoiker. Zugleich war er der letzte Adoptivkaiser, und mit ihm endete eine Phase der Prosperität des Römischen Reiches mit innerer und äußerer Stabilität. Er regierte von 161 bis 180 nach Christus.

In diesen letzten glücklichen Jahren Roms führte er ein hartes Leben und hatte schwere Kämpfe durchzumachen: Er war gezwungen, sich gesundheitlichen Herausforderungen zu stellen wie der gefährlichen Pockenepidemie (»Antoninische Pest«), die sich vor allem bei den römischen Soldaten in den Lagern ausbreitete. Die Außengrenzen des Reiches wurden hauptsächlich im Norden von eindringenden Feinden wie den Markomannen bedroht. Sein Militärführer Gaius Avidius Cassius (130–175 nach Christus) zettelte eine Verschwörung gegen ihn an, die er jedoch niederschlagen konnte. Ganz untypisch für die Zeit vergab Mark Aurel Cassius, er rächte sich nicht an ihm. Hier zeigt sich in einer Schlüsselsituation der angewandte Stoizismus: Aus Mark Aurels Sicht irrte Cassius in seinem Denken und Handeln, was für ihn aber kein Grund war, diesen der damals üblichen

Todesstrafe zuzuführen. Innenpolitisch modernisierte der Kaiser die Gesetzgebung und Rechtsordnung, indem er sich für Frauen- und Sklavenrechte einsetzte, soweit es nach den damaligen Umständen möglich war.

Die Faszination für Mark Aurel ergibt sich bis heute aus der Spannung zwischen dem Kaiser und dem Philosophen, die auch für ihn selbst maßgeblich prägend war.

Sein philosophisches Werk, die *Selbstbetrachtungen*, verfasste er auf Altgriechisch von circa 169 nach Christus bis zu seinem Tod 180 im Feldlager während des langen Krieges an den nordöstlichen Außengrenzen des Reiches. Die in sehr prägnanter und knapper, aber dennoch sehr stilmittelreicher Sprache abgefassten *Selbstbetrachtungen* sind im Grunde als eine Art Selbsttherapie aufzufassen. In diesem Sinne kann der Leser »einem Autor bei der Ausübung der Lebenskunst über die Schulter schauen«.[6]

In Mark Aurels Werk und in seinem Wirken lässt sich kein so offensichtlicher Bezug zur Gesundheit von Körper und Seele erkennen wie bei Seneca und Epiktet. Dennoch hat Mark Aurel Ideen seiner Vordenker in seinem eigenen Stil und Tiefsinn zusammengefasst und auf eigene Weise ergänzt und interpretiert. Ich zitiere ihn in diesem Buch mit zahlreichen aussagekräftigen Aphorismen.

STOISCHE ERKENNTNISSE UND TECHNIKEN MIT EINFLUSS AUF DIE GESUNDHEIT

Das Schicksal lieben – *amor fati*

Das bekannteste deutsche Wörterbuch, der Duden, erklärt den Begriff »stoisch« mit »unerschütterlich, gleichmütig, gelassen«.[7] Als Beispiel nennt das Standardwerk: »Er ertrug alles stoisch, mit stoischer Gelassenheit.« Die Gelassenheit oder stoische Seelenruhe (altgriechisch *ataraxia*) ist das entscheidende Ziel allen stoischen Bemühens, sie führt uns zum glücklichen Leben. Die *ataraxia* ist der Lohn dafür, wenn wir es schaffen, das Schicksal zu akzeptieren. Wenn es Ihnen also gelingt, alles, was kommt, gelassen zu ertragen, dann sind Sie ein guter Stoiker.

An dieser Stelle könnte ich aufhören zu schreiben, es ist damit alles gesagt … Weil aber das Einfache so schwer sein kann, haben sich die Stoiker sehr effektive Übungen ausgedacht, um das Ziel auf Umwegen zu erreichen. Also schreibe ich doch weiter …

Die stoische Seelenruhe leitet sich ursächlich vom stoischen Weltbild ab, das wiederum vom *logos* bestimmt wird. Der *logos* ist eine vernunftbetonte, göttliche Ordnung, die das ganze Universum durchdringt und funktionieren lässt. Wir Menschen können uns frei entscheiden, mit unserer Vernunft an der göttlichen

Gesamtvernunft teilzuhaben und so den *logos* anzuerkennen. Das bedeutet konkret, wir respektieren die natürliche Ordnung/die Naturgesetze: Alles, was uns auf Erden zustößt, ist »in Ordnung« und im Plan des großen Ganzen vorgesehen; wenn wir es annehmen, akzeptieren wir unser Schicksal.

Epiktet fasst den Sachverhalt meisterhaft für uns zusammen:

> **»Bitte nicht darum, dass die Dinge so geschehen, wie du es wünscht, sondern wünsche dir, dass sie so geschehen, wie es von Natur der Fall ist, dann wird es dir gut gehen.«**[8]

Der deutsche Philosoph Friedrich Nietzsche (1844–1900) hat in seiner autobiografischen Schrift *Ecce homo* die Schicksalsabhängigkeit des Menschen nicht nur bestätigt, sondern er geht sogar noch weiter: »Meine Formel für die Grösse am Menschen: Das Notwendige nicht bloss ertragen … Sondern es lieben.«[9] Nietzsche legt uns damit die Liebe zum Schicksal ans Herz, er prägt das Schlagwort »amor fati« (Liebe zum Schicksal).

»Alles fließt«

Als Teil der Natur sollen wir Menschen uns auch an ihre Gesetze halten, eines davon ist der ständige Wandel.

Dem Vorsokratiker und griechischen Philosophen Heraklit (520–460 vor Christus) ist der Ausspruch zuzurechnen: »Man kann nicht zweimal in denselben Fluss steigen«[10], »Pantha rhei« (»Alles fließt«) ist der Oberbegriff seiner Lehre. Mark Aurel als letzter Vertreter der jüngeren Stoa bestätigt dies: »Das Universum ist Wandel, das Leben eine Einbildung.«[11]

Dieses Bild vom Fluss bezieht sich auf den »Fluss« unseres Lebens. Er besteht aus verschiedenen aneinandergereihten Situationen; sie bilden die Gegenwart ab, um dann in Sekundenbruchteilen zur Vergangenheit zu werden. Die verschiedenen aktuellen Ereignisse ergeben die Realität; die vergangenen Erlebnisse werden in der Summe zu unserem Schicksal; beides müssen wir nach stoischer Auffassung annehmen, wie es ist – die Realität in der Gegenwart und unser Schicksal in der Vergangenheit.

Dieser Zusammenhang hilft uns entscheidend, die Dinge zu erkennen, die wir *nicht* verändern können: Es sind alle Ereignisse, die uns gerade im Moment passieren und die kurz darauf zur Vergangenheit – und damit zu unserem Schicksal – werden.

Was nicht fließt

Im Fluss des Lebens bietet uns der Stoizismus als Lebensphilosophie einen festen Halt. Er sagt uns dabei konkret, was nicht fließt: Es sind die Dinge, die in unserer Macht liegen, nämlich unsere Werte, unser Wille und unsere Wünsche. Hier bestimmen wir, was »fließen« soll. Wir können zum Beispiel politisch unser ganzes bisheriges Leben lang konservative Werte vertreten haben und es doch ab morgen ändern. Ein Schüler der neunten Klasse kann sich wünschen, Medizin zu studieren, in der zehnten Klasse will er lieber Pilot werden.

Wir können die Dinge, die in unserer Macht liegen, also auch an dem Zeitfaktor Zukunft erkennen. Unsere Werte und vor allem die Wünsche als Ziele beziehen sich vornehmlich auf das, was erst noch passieren wird – und genau deshalb sind sie frei und unterliegen nicht den Gesetzen der Realität und der Macht des Schicksals.

Byron Katie: Eine moderne Vertreterin des *amor fati*

Von den modernen Protagonisten der Stoa tritt Byron Katie (vergleiche Kapitel »Der Stoizismus und die kognitive Verhaltenstherapie«, Seite 65ff.) bei der Frage, wie weit wir von unserem Schicksal abhängen, am konsequentesten auf. Nicht umsonst führt ihr Standardwerk den Titel *Lieben was ist.*

So sieht sie die Realität: »Die Wirklichkeit – die in jedem Augenblick so ist, wie sie ist – ist immer freundlich. Nur unsere Geschichte über die Wirklichkeit trübt unseren Blick … Und macht uns glauben, die Welt sei ungerecht.«[12]

Ihrer Meinung nach ist es sinnlos, sich gegen das Schicksal aufzulehnen: »Das heißt nicht, dass Sie mit allem einverstanden sein müssen … Niemand will, dass seine Kinder krank werden, und niemand will in einen Autounfall verwickelt sein … Aber wenn diese Dinge geschehen, was hilft es dann, wenn wir uns in Gedanken dagegen wenden?«[13]

Byron Katie sieht es pragmatisch: »Ich bin eine Liebhaberin dessen, was ist, nicht weil ich ein spiritueller Mensch bin, sondern weil es wehtut, mit der Wirklichkeit zu streiten … Wenn wir mit ihr streiten, empfinden wir ›zusätzlich‹ Anspannung und Frustration.«[14]

Wie sollen wir mit Schicksalsschlägen umgehen?

Auch ein Stoiker darf Trauer, Schock und Angst empfinden – aber nur über einen angemessenen Zeitraum –, anschließend sollte die Vernunft die Oberhand über die Gefühle gewinnen. Wir können die in diesem und den folgenden Kapiteln vorgestellten stoischen Übungen einsetzen, um mit dem Schicksalsschlag selbstständig fertigzuwerden.

Wenn es die Situation erfordert, sollten wir die Hilfe von Therapeuten annehmen. Sie führt uns dann mit großer Wahrscheinlichkeit zu einer Psychotherapie – ich empfehle hier eine mit einem kognitiven Ansatz, also zum Beispiel die kognitive Verhaltenstherapie. Sie beruht wiederum auf stoischen Prinzipien.

Der Stoizismus ist deshalb so wertvoll für uns, weil er uns zwei elementare Dinge an die Hand gibt: Wir tun erstens gut daran, unsere subjektiven Vorstellungen über die Realität und das Schicksal zu hinterfragen. Zweitens zeigt er uns, was wirklich in unserer Macht steht und was wir beeinflussen können. Diese kognitive Klarheit, zu wissen, was wir erfolgreich und effektiv gestalten können und was nicht, macht uns stark, zufrieden und fördert unsere seelische und körperliche Gesundheit.

Der *logos*

Das wichtigste stoische Prinzip ist es also, die Realität und das Schicksal anzuerkennen. Doch wie kamen die Stoiker zu ihrer Theorie?

Die Wurzeln ihrer Lehre führen uns zum physikalisch-ethisch begründeten *logos*: Alle Vorgänge in unserer Welt und im Universum laufen nach einer inneren Logik, Ordnung und Gesetzmäßigkeit ab. In dieser Ordnung hat jede Lebensform der Erde ihren bestimmten Platz und ist gleichzeitig steter Veränderung ausgesetzt. Die verschiedenen Lebensformen erfüllen ihre typischen Funktionen, um zum Erhalt des großen Ganzen beizutragen.

So versucht zum Beispiel die Pflanze, Nährstoffe aus dem Boden aufzunehmen, um mit dem CO_2 aus der Luft der Sonne entgegenzuwachsen;[15] damit befindet sie sich in Übereinstimmung mit der Natur.

Was ist uns Menschen nun für eine Aufgabe im *logos* zugedacht?

Wir sollen das benutzen, was uns von allen anderen Lebewesen auf der Erde unterscheidet: unseren menschlichen Verstand.

Mit der göttlichen Gesamtvernunft des Kosmos erhielt die stoische Philosophie zusätzlich eine religiöse Komponente. Mark Aurel erklärt uns den *logos* so:

> **»Alles ist wie durch ein heiliges Band miteinander verflochten! Nahezu nichts ist sich fremd. Eines schließt sich ja dem anderen an und schmückt, mit ihm vereinigt, dieselbe Welt. Aus allem zusammengesetzt ist eine Welt vorhanden, ein Gott, alles durchdringend, ein Körperstoff, ein Gesetz, eine Vernunft, allen vernünftigen Wesen gemein, und eine Wahrheit, wofern es auch eine Vollkommenheit für all diese verwandten, derselben Vernunft teilhaftigen Wesen gibt.«**[16]

Welche Schlussfolgerung ergibt sich daraus für das Leben von uns Menschen? Wenn das Universum nach einem in sich logischen und vernünftigen Prinzip funktioniert und wir daran mit unserer menschlichen Vernunft teilhaben können, dann müssen wir auch die natürlichen Gesetze dieser Ordnung akzeptieren. Das bedeutet, wir müssen die Dinge so, wie sie geschehen, als Realität annehmen. Darin finden wir den Schlüssel zur stoischen Philosophie: Nur wenn wir aus Vernunftgründen die Realität und unser Schicksal akzeptieren, können wir ein glückliches Leben führen. Wenn wir als Menschen die Naturgesetze oder den göttlichen Willen und damit die Realität infrage stellen, indem wir fordern, die Dinge müssen so geschehen, wie wir es wollen, dann werden wir kein gutes Leben haben.

Die Stoiker zählten die Vernunft zur Tugend der Weisheit, damit bekam sie auch eine ethische Komponente. So hängt alles zusammen und hat die gleiche Bedeutung:

logos = Natur = Vernunft = Tugend

Die stoische Verbindung der Tugend mit der Vernunft ist ihrer Zeit weit voraus, Sie schützt die Tugend vor Missbrauch und Fehlinterpretation: Mut und Disziplin können nämlich gleichzeitig das Tun eines Kriminellen wie das eines Polizisten prägen, die Tugend allein ist deshalb nicht der Garant für ein ethisch gutes Handeln. Erst fast 2000 Jahre später hat der überragende deutsche Philosoph Immanuel Kant (1724–1804) mit seinem Werk *Kritik der praktischen Vernunft* den gleichen Zusammenhang gefordert.

Die Stoiker sehen im *logos* das bestimmende Prinzip unserer Welt. Wir können daran teilhaben, indem wir unsere menschliche Vernunft einsetzen und gleichzeitig auch das ethisch Gute wollen. Dann sind wir im Einklang mit dem Kosmos und der Natur und können so ein glückliches Leben führen.

In Verbindung mit dem *logos* zu leben bedeutet auf der anderen Seite aber auch, die Gesetze der Natur mit Gesundheit, Krankheit, Leben und Tod anzunehmen. Damit akzeptieren wir unser Schicksal und erreichen auf diese Weise die Seelenruhe und ein gutes Leben.

Die Vorstellungs- und Machtprüfung

Epiktets wichtigste stoische Techniken, die den größten Einfluss auf unsere seelische Gelassenheit und damit auch auf unsere Gesundheit haben, fasse ich unter dem Namen *Vorstellungs- und Machtprüfung* zusammen. Diese Methode bildet zugleich die entscheidende Grundlage für die moderne Psychotherapie.

Die Vorstellungsprüfung

Epiktet:

> **»Gewöhn dich nun jedem unangenehmen Ereignis zu sagen: du bist nicht, was du scheinst, sondern nur eine Vorstellung.«**[17]

Nach den Stoikern ist ein Ereignis für uns immer dann unangenehm, wenn wir fordern, es sollte anders sein, als es tatsächlich ist. Wir sind enttäuscht, weil die Wirklichkeit sich von unseren Vorstellungen unterscheidet – wir hätten sie gerne anders.

Welche Auswirkungen hat das auf uns? Immer, wenn wir die Realität ablehnen, fühlen wir uns unwohl, dann verspüren wir in der Folge unpassende, *dysfunktionale Emotionen*:

- Angst: »Die Situation sollte anders sein – ich sollte jetzt nicht im Flugzeug sitzen!«
- Wut: »Der andere darf mich nicht so anreden!«
- Trauer: »Sie hätte nicht sterben dürfen!«
- Neid: »Sie besitzt etwas, was eigentlich mir zusteht!«
- Hass: »Er sollte anders sein, als er sich gibt!«

Die dysfunktionalen Emotionen beeinträchtigen unser Wohlbefinden und unsere Gelassenheit, sie machen uns langfristig seelisch und körperlich krank. Die Vorstellungsprüfung bezieht sich immer auf die Gegenwart, also auf die Ereignisse, die im Moment passieren.

Epiktet fasst es für uns zusammen: »Nicht die Dinge beunruhigen die Menschen, sondern nur die Vorstellung von den Dingen.«[18]

MEIN MERKSATZ

»Gewöhne dich daran, zu etwas Unangenehmem zu sagen: Du bist nicht das, was du scheinst, sondern nur eine Vorstellung.«

Die Machtprüfung

Der stoischen Machtfrage liegt das Prinzip der *Dichotomie* zugrunde. Darin steht uns eine gegensätzliche Struktur aus zwei Teilen gegenüber: Auf der einen Seite sind die Dinge, die in unserer Macht stehen, auf der anderen Seite diejenigen, die wir nicht kontrollieren können. Es gibt keine Schnittmenge. Die Dichotomie verschafft uns kognitive Klarheit: Wir üben uns darin, zu erkennen, was wir wirklich beeinflussen können, worauf es sich lohnt, unsere Energie zu richten – was unvermeidlich ist, müssen wir akzeptieren.

> **»Sodann prüfe es an den Regeln, die du gelernt hast …: Gehört es zu dem, was in meiner Gewalt steht oder nicht? Und gehört es zu dem, was nicht in deiner Gewalt steht, so sage zu dir selber: Es geht mich also nichts an!«**[19]

Nicht in unserer Macht steht alles, was sich *außerhalb* unseres Geistes, also im Äußeren befindet: »… Unser Körper, unser Besitz, unser Ansehen und unsere offizielle Machtstellung…«[20] und »Wohlstand, Gesundheit, Leben und Tod«.[21] Ungünstigerweise streben die Menschen heute aber fast ausschließlich nach genau diesen Dingen.

In unserer Macht befinden sich dagegen *innere Dinge*: »Unsere Urteilsfähigkeit, unser Antrieb, unser Begehren … kurz alles, was von unseren eigenen Handlungen abhängt.«[22]

Die Urteilsfähigkeit ist, wie wir die Dinge sehen und bewerten, wofür wir stehen; sie entspricht unseren *Werten*.

Unser Antrieb bezeichnet unseren *Willen*, wie stark wir für unsere Ideen eintreten.

Unser Begehren sind unsere *Wünsche und Ziele*.

Die Machtfrage bezieht sich also immer auf innere Dinge aus unserem Geist und Verstand. Wichtig ist auch ihr zeitlicher Bezug: Unsere Werte bilden sich meist aus unseren Erfahrungen in der Vergangenheit und wirken in die Gegenwart; dort agiert auch unser Wille mit einer gewissen Tendenz zum Kommenden. Die Wünsche dagegen sind von vornherein überwiegend in die Zukunft gerichtet.

Dagegen sind unsere Handlungen, die aus den Wünschen erfolgen, wieder der Realität und Gegenwart unterworfen; wir müssen sie vom Ergebnis her akzeptieren.

Ein Beispiel:

In der neunten Klasse hatte ich den Wunsch, Medizin zu studieren. Meine zielgerichteten Handlungen (in die Zukunft) dafür waren, wenig zu lernen und dafür mehr Fußball zu spielen. Sie führten in der Realität dazu, dass ich in der 13. Klasse bei der Zeugnisausgabe (in der Gegenwart) ein Abiturzeugnis mit dem Notendurchschnitt von 2,5 in der Hand hielt. Es war zu schlecht, um gleich zu studieren. Ich akzeptierte die Wirklichkeit, aber mein Wunsch und besonders mein Wille standen ja weiterhin in meiner Macht; und so nutzte ich den Dienst bei der Bundeswehr, um meine Wartezeit für das Studium zu verkürzen. Nach knapp zwei Jahren wurde mein Wunsch Realität, und ich begann in München zu studieren.

MEIN MERKSATZ

»Dann prüfe, ob sich die Dinge in deiner Macht befinden: Nicht in deiner Macht stehen äußere Dinge, die Realität und dein Schicksal; in deiner Macht befinden sich deine Werte, dein Wille und deine Wünsche.«

Prüfung des Denkens und Handelns

Um ein gutes Leben zu erreichen, sollten Sie zu guter Letzt bei Ihrem Denken und Handeln vier Bedingungen berücksichtigen:

Als Erstes sollten Sie bei Ihren Wünschen und Zielen *optimistisch* denken. Zwar denken und handeln wir auch auf Basis unserer Werte und unseres Willens, doch haben wir bei den Wünschen und Zielen die größte Freiheit und den Spielraum, unser Wollen umzusetzen. Dabei ist es angebracht und sinnvoll, optimistisch vorzugehen. Es steigert unseren Antrieb und unsere Motivation, wenn wir uns das, was wir erreichen wollen, positiv ausmalen. Wenn wir uns dagegen einreden: »Das brauche ich mir sowieso nicht zu wünschen, das funktioniert nie im Leben«, dann wird es auch nichts werden. Auch die modernen Nachfolger der Stoiker, Martin Seligman und Aaron T. Beck, empfehlen dieses Vorgehen (vergleiche Kapitel »Der Stoizimus und die kognitive Verhaltenstherapie«, Seite 65ff.).

Unser Optimismus schadet uns auch deshalb nicht, weil wir im zweiten Schritt *ergebnisoffen* handeln: Wir müssen das Resultat unserer Handlungen ja ohnehin akzeptieren, auch wenn es von unseren vorangehenden Wünschen und Zielen abweicht. Nur unter dieser Voraussetzung ist Optimismus sinnvoll, wenn wir äußere Dinge oder das Ergebnis unserer Taten akzeptieren. Wenn wir dagegen fordern, unsere optimistischen Wünsche müssten immer erfüllt werden, liegen wir falsch.

Zwei Beispiele:
Ihre Tochter darf sich wünschen, Medizin zu studieren; sie kann alle Energie auf dieses Ziel richten, muss es aber akzeptieren, wenn es nicht funktioniert.

Wenn Sie Krebs haben, dürfen Sie die besten Ärzte konsultieren und die besten Behandlungen durchführen lassen; Sie müssen es jedoch annehmen, wenn Sie den Krebs nicht besiegen können.

Cicero hat dieses Bild der Ergebnisoffenheit in seinem Dialog *De finibus* über einen Bogenschützen beschrieben.[23] Der Schütze tut alles, um den Prozess des Schießens möglichst optimal zu gestalten: Er trainiert lange die Schusstechnik, benutzt eine bestimmte Atemtechnik, hat sich in Konzentration geübt und sein Sportgerät bestens gepflegt. Das Ergebnis (Treffen des Ziels) liegt nicht mehr in seiner Hand: Ein Windstoß kann den Pfeil abfälschen, das Ziel kann sich bewegen …

Die dritte und vierte Empfehlung für unser Denken und Handeln legt uns den *Einsatz der Vernunft und der Tugend* ans Herz. Nach der stoischen Philosophie sind beide Begriffe weitgehend deckungsgleich. Unsere Handlungen sollten also in einem naturwissenschaftlichen Sinne vernünftig – logisch – und realistisch sein – der Realismus tendiert eher zum pessimistischen Pol. Damit ergibt sich ein Spannungsfeld zwischen den optimistisch geprägten

Wünschen und den mehr pessimistisch-realistisch ausgelegten Handlungen; dass sich diese Gegensätze in der Praxis tatsächlich vereinen lassen, zeigt die Handlungsanweisung des US-amerikanischen Navy-Offiziers James Stockdale, mit der er eine achtjährige Kriegsgefangenschaft mit Folterungen überlebt hat (vergleiche Kapitel »Stoizismus in Krisensituationen«, Seite 141ff.).

Schließlich dürfen wir aber als letzten Punkt nicht ohne ethisch-moralische Grundlage im Sinne der *Tugenden* agieren (vergleiche Kapitel »Die stoischen Tugenden«, Seite 44ff.).

MEIN MERKSATZ

»Denke bei deinen Wünschen und Zielen optimistisch, handle aber ergebnisoffen; gehe dabei insgesamt vernünftig und tugendhaft vor!«

Anwendungsbeispiel: »Mein Chef hat etwas gegen mich!«

Ihre Beförderung steht an. Durch die Gehaltserhöhung wären Sie in der Lage, Ihr neues Eigenheim schneller abzubezahlen. Heute Morgen hat Ihr Chef Sie nicht gegrüßt und keines Blickes gewürdigt. Sie denken: »Jetzt kann ich meine Beförderung vergessen!«

Überprüfung der *Vorstellung* durch den Merksatz:

»Gewöhne dich daran, zu etwas Unangenehmen zu sagen: Du bist nicht das, was du scheinst, sondern nur eine Vorstellung!«

Wie Sie das Verhalten Ihres Chefs interpretieren, ist aus folgenden Gründen subjektiv und fehlerhaft:

Ist sein Verhalten sicher auf Sie bezogen oder …

- … hatte er schlechte Laune?
- … hat er schlecht geschlafen?
- … haben ihn seine Kinder/seine Frau geärgert?

Also fragen Sie sich: Ist die heutige Laune Ihres Chefs denn überhaupt mit Ihrer Beförderung verknüpft? War er zu anderen Mitarbeitern vielleicht ebenfalls unfreundlich?

Überprüfung der *Macht* durch den Merksatz:

»Dann prüfe, ob sich die Dinge in deiner Macht befinden: Nicht in deiner Macht stehen äußere Dinge, die Realität und dein Schicksal; in deiner Macht befinden sich deine Werte, dein Wille und deine Wünsche.«

Äußere Dinge, wie beispielsweise das Verhalten Ihres Chefs, befinden sich eindeutig nicht in Ihrem Einflussbereich, Ihre inneren Faktoren dagegen schon:

- Werte: Sie sind stolz darauf, Werte zu besitzen und im Einklang mit ihnen zu leben; Sie arbeiten weiterhin präzise, ausdauernd und kollegial.
- Wille: Sie behalten ihn bei und bauen ihn weiter aus: Sie sind unverändert engagiert in Ihrer Tätigkeit, egal was passiert.

- Wünsche: Sie behalten Ihren Wunsch für die Zukunft bei, befördert zu werden und mehr zu verdienen.

Denken und handeln nach meinem Merksatz:

»Denke bei deinen Wünschen und Zielen optimistisch, handle aber ergebnisoffen; gehe dabei vernünftig und tugendhaft vor!«

- Optimistisch: Sie erkennen, dass Sie mit Ihren Fähigkeiten wahrscheinlich jederzeit und überall gut ankommen.
- Ergebnisoffen: Sie würden gerne befördert werden, akzeptieren aber auch, wenn es sich nicht ergibt.
- Vernünftig: Sie überprüfen Ihre Vorstellungen und erkennen an, was nicht in Ihrer Macht liegt.
- Tugendhaft: Sie verhalten sich kollegial an Ihrem Arbeitsplatz und verzichten auf unkollegiales Verhalten.

Die Vorstellungsprüfung von Epiktet verlangt von uns, dass wir unsere Vorstellungen an die Gegenwart und Realität anpassen, und nicht umgekehrt. Wenn wir es nicht machen, leiden wir infolge der dysfunktionalen Vorstellungen an dysfunktionalen Emotionen – wir fühlen uns nicht wohl und werden auf lange Sicht krank.

Bei der Machtprüfung erfahren wir, dass wir alle äußeren Dinge, wie zum Beispiel unseren Körper, Gesundheit oder Reichtum, in der Gegenwart nicht beeinflussen können. Dagegen liegt unser Inneres mit unseren Werten, unserem Willen und unseren Wünschen und Zielen in unserer Macht; darauf sollen wir unsere Mühe richten, wir sollen es ausbauen.

Unser Denken mit den Wünschen und Zielen ist in die Zukunft gerichtet und darf durchaus optimistisch ausgeprägt sein. Das Ergebnis unserer nachfolgenden Handlungen sollten wir in jedem Fall aber akzeptieren, selbst wenn es von unseren ursprünglichen Zielen abweicht – dadurch denken und handeln wir ergebnisoffen. Insgesamt sollten unser Denken und Handeln vernünftig und tugendhaft sein.

Die Prüfung unserer Vorstellungen, unserer Macht und unserer Handlungen bildet die wichtigste stoische Technik, um die Seelenruhe und damit auch ein glückliches Leben zu erreichen; gleichzeitig beeinflussen wir so unsere seelische und auch körperliche Gesundheit optimal.

MERKSATZ KOMPLETT

- »Gewöhne dich daran, zu etwas Unangenehmen zu sagen: Du bist nicht das, was du scheinst, sondern nur eine Vorstellung.
- Dann prüfe, ob sich die Dinge in deiner Macht befinden: Nicht in deiner Macht stehen äußere Dinge, die Realität und dein Schicksal; in deiner Macht befinden sich deine Werte, dein Wille und deine Wünsche.
- Denke bei deinen Wünschen optimistisch, handle aber ergebnisoffen; gehe dabei insgesamt vernünftig und tugendhaft vor.«

Das Gute und das Schlechte

Wo sehen die Deutschen heute das Gute, was wollen sie, wenn ihnen eine gute Fee drei Wünsche erfüllen könnte?[24]

Mehr als die Hälfte wünscht sich Gesundheit, fast 40 Prozent träumen von finanzieller Sicherheit. Ungefähr ein Drittel würde Familienglück erwarten oder sieht materielle Dinge als begehrenswert an.

Damit glauben wir, das Gute überwiegend in äußeren Dingen wie Gesundheit, Reichtum, Familienglück und Besitz zu finden. Was meint Epiktet dazu?

> **»Wo liegt das Gute? In unserer Entscheidungsgewalt. Wo liegt das Böse? In unserer Entscheidungsgewalt.«**[25]

Die Stoiker sehen das Gute ausschließlich in unseren Urteilen und Werten, also in unserem Inneren.

Was würden sie nun zu unseren modernen Wünschen sagen?

> **»Wo liegt das, was weder gut noch schlecht ist? In den Dingen außerhalb unserer Entscheidungsgewalt.«**[26]

Unser modernes Glück befindet sich also fast ausnahmslos außerhalb unserer Entscheidungsgewalt. Es ist daher weder gut noch schlecht, sondern mit anderen Worten gleichgültig. Das heißt im Klartext, wir wünschen uns im Leben Dinge, die nach stoischer Auffassung nicht wirklich zu unserem Glück beitragen können.

»Lieber reich und gesund als arm und krank«, werden Sie einwenden. Natürlich hatten auch die Stoiker erkannt, dass äußere Dinge wie Geld und Besitz die Bequemlichkeit im Leben erhöhen und manches leichter machen – dies ist aber nicht mit einem wirklich guten und glücklichen Leben gleichzusetzen. Das äußere Glück ist auf Sand gebaut:

- Reichtum fördert die Angst vor dem Verlust, führt zu Geiz, Skrupellosigkeit und Korruption.
- Das Streben nach Gesundheit kann kontraproduktiv sein und zu Angst vor Krankheit oder zu Hypochondrie führen.
- Auch Familienglück ist wie Gesundheit nicht einforderbar.

Was würde sich Epiktet von einer guten Fee wünschen? Nichts – da er alles, was er zum glücklichen Leben braucht, schon in sich trägt:

- Er akzeptiert die Realität und sein Schicksal.
- Er denkt vernünftig, klar und optimistisch. Er handelt tugendhaft und ergebnisoffen.

Es ist sehr beruhigend und trostreich, von den Stoikern zu erfahren, wo das Gute im Leben wirklich liegt und wo nicht. Die meisten Menschen suchen es heute an der verkehrten Stelle. Damit vergeben wir uns auch die Chance, als »gute« Stoiker indirekt unsere seelische und körperliche Gesundheit zu fördern.

Die stoischen Tugenden

Die Tugend bezeichnet eine Charaktereigenschaft, die es uns ermöglicht, das Gute in unseren Handlungen zu verwirklichen. Wenn uns das gelingt, führen wir mit großer Wahrscheinlichkeit auch ein gutes Leben.

Die entscheidende Frage ist allerdings, was wir als das Gute definieren. Wir haben bereits erfahren, dass wir es heute weitgehend im Äußeren sehen, als Folge von Besitz und Reichtum, von Gesundheit (Fitness-/Ernährungskult) und Zerstreuung (Reisen, Essen und Trinken, Unterhaltung). Dies begünstigt ein hedonistisches, egoistisches und opportunistisches Verhalten der Menschen.

In der antiken Philosophie befand sich das Gute dagegen im Inneren des Menschen, in seinen Werten.

Die Stoiker sahen es in den Kardinaltugenden: *Weisheit, Disziplin, Mut, Gerechtigkeit.* Sie gehen auf Platon (426/427–348/347 vor Christus) zurück, der sie einem Theaterstück des Dichters Aischylos (525–456 vor Christus) entlehnte. Die zeitgenössischen Namen für Tugend waren *arete* bei den Griechen und *virtus* bei den Römern.

Die *Weisheit* stellt den Oberbegriff aller stoischen Tugenden dar, sie ist der fiktive Endzustand des »perfekten« Stoikers. Das Denken des stoischen Weisen besticht durch kognitive Klarheit, es befindet sich in Einklang mit dem *logos*, der Natur und dem Kosmos. Um die Weisheit zu erreichen, ist es notwendig, die stoischen Techniken laufend anzuwenden, insbesondere den Kern der Lehre, die Vorstellungs- und Machtprüfung.

Die stoische *Disziplin* oder Mäßigung zeigt, wie gut wir uns auf den Erwerb der Weisheit fokussieren können; das heißt, wie wir selbstbeherrscht und mit Willenskraft bei der Sache bleiben und uns nicht ablenken lassen. Wir sind beim Lösen von Problemen belastbar, können Frustrationen tolerieren und zeigen Besonnenheit beim Handeln.

Die vermeintlich altmodische antike Tugend der Disziplin hat auch heute noch eine direkte Auswirkung auf unsere Gesundheit, wie zwei amerikanische Forscher 2011 nachweisen konnten.[27] Howard Friedmann und Leslie Martin übernahmen im Jahr 1990 ein Forschungsprojekt der University of California. Im Rahmen dieser Studie wurden ab 1921 die Daten von über 1500 Versuchspersonen gesammelt, um einen Zusammenhang zwischen Gesundheit und Intelligenz herzustellen. Überraschenderweise trugen als Ergebnis aber nicht Intelligenz, Partnerschaft, Optimismus, Sport, Religiosität, Kontaktfreude und Schulbildung zu einem langen Leben bei, sondern ausschließlich Selbstkontrolle und Disziplin. Es wirkt plausibel, dass Ordnung und Struktur das Leben in den hochkomplexen Gesellschaften von heute leichter machen; sie bieten Denk- und Handlungsabkürzungen und lassen Spielraum für den übrigen, ohnehin noch ausreichend komplizierten Rest des Alltags. Sie beeinflussen die ständigen Stressreaktionen im Leben damit günstig und tragen zu einem gesunden, langen Leben bei.

Der *Mut* bezeichnet unser Vermögen, unabhängig von angsteinflößenden Risiken, also autonom zu handeln; wir können uns überwinden.

Die *Gerechtigkeit* ist unser sozialer Sinn, der verlangt, die Menschen unabhängig von ihrer Stellung freundlich zu behandeln, gut mit ihnen umzugehen. Gerechtigkeit steht in enger Verbindung mit dem Kosmopolitismus, der maßgeblich auf den griechischen Stoiker Hierokles (2. Jahrhundert nach Christus) zurückgeht. Er war der Ansicht, dass alle Menschen Mitbürger als Teil derselben Heimat, der Erde, sind. In diesem Sinne hatte sich bereits der Kyniker Diogenes von Sinope (413–323 vor Christus) als »Weltbürger« gesehen.

In der Geschichte der Menschheit wurden die Tugenden immer wieder (un-)absichtlich fehlinterpretiert: Auch ein Verbrecher kann seine Taten »mutig« und »diszipliniert« planen und durchführen. Da die Menschen den Begriff der Tugend oft fehldeuten und missbrauchen, sollte die Tugend zusätzlich vor allem in die Vernunft, aber auch in die Gerechtigkeit eingebunden sein.

Der Kommunist und Minister für Staatssicherheit Erich Mielke (1907–2000) war der Hauptverantwortliche für den Ausbau der DDR-Staatsicherheitsorgane und leitete ein flächendeckendes Kontroll-, Überwachungs- und Unterdrückungssystem. In seiner Ansprache vor der Volkskammer nach dem Mauerfall und dem Zusammenbruch des Sozialismus vom 11.11.1989 rechtfertigt Mielke sein Handeln mit dem Satz: »Ich liebe … ich liebe doch alle, alle Menschen …«[28]

Wahrscheinlich hat Mielke sein konsequentes Vorgehen gegen »Staatsfeinde« als »mutig« und »diszipliniert« und auch »gerecht« angesehen. Es wird aber jedem von uns klar sein, dass Mielke hier eine fulminante Fehlinterpretation der Tugend unterlaufen ist. Er tritt die Vernunft mit Füßen. Wir sehen hier eine fast pathologische Verzerrung des Denkens mit irrtümlicher Wahrnehmung der Realität im Sinne einer kognitiven Dissonanz (Zurechtbiegen der Wirklichkeit).

Wenn in einer ethischen Frage noch ehrliche Zweifel bestehen, sollte man die »goldene Regel« anwenden. Sie verkörpert das Prinzip der stoischen Gerechtigkeit und ist als praktischer Handlungsgrundsatz seit dem 7. Jahrhundert vor Christus in fast allen Kontinenten verbreitet: »Behandle andere so, wie du von ihnen selbst behandelt werden willst.«[29] Ich glaube nicht, dass Mielke das Schicksal seiner gequälten Dissidenten teilen wollte.

Der Stoizismus als Philosophie enthält im Gegensatz zu den modernen Psychotherapien auch ethische Anteile. Die stoischen Tugenden zeigen auf, welche Eigenschaften unser Charakter annehmen soll; wir erreichen das, indem wir die stoischen Übungen wie zum Beispiel die Vorstellungs- und Machtprüfung oder die »negative Visualisierung« (vergleiche das gleichnamige Kapitel, Seite 51f.) durchführen; dadurch bewirken wir das Gute, uns gelingt dann in diesem Sinne ein gutes Leben.

Freiheit und Macht

Freiheit war und ist zu allen Zeiten eine Grundvoraussetzung für ein glückliches Leben. Welchem Stoiker lag wohl die Freiheit am meisten am Herzen? Natürlich dem, der ein »traumatisches« Verhältnis zu ihr hatte: dem ehemaligen Sklaven Epiktet.» … Die Dinge, die dir wirklich gehören …« sind »… das Einzige …, wodurch du Freiheit und Glück erlangst.«[30]

Epiktet will uns damit sagen, dass wir Freiheit nur erreichen, wenn wir wissen, was »uns wirklich gehört«, also das, was in unserer Macht steht.

Wenn wir etwas fordern, das nicht in unserer Macht liegt, lösen wir zunächst dysfunktionale Emotionen aus, wie hier im

Beispiel Angst: »Wenn ich einen ängstlichen Menschen sehe, frage ich mich, was will diese Person? Denn wenn sie nicht etwas wollte, was außerhalb ihrer persönlichen Macht ist, warum sollte sie dann so ängstlich sein?«[31]

Dadurch werden wir unfrei: »Denn niemand, der ängstlich … ist, ist frei.«[32]

Wir können zunächst frei darüber entscheiden, ob wir die stoische Machtprüfung durchführen wollen – niemand zwingt uns dazu. Wenn wir aber andererseits das wollen, was nicht in unserer Macht liegt, werden wir ein unglückliches Leben führen: Wir streben zum Beispiel nach Reichtum und Besitz, verlieren dann aber wieder alles bei einem Börsen-Crash – und wollen das nicht akzeptieren. Wenn wir dagegen anstreben, was uns obliegt, wird unser Dasein glücklich sein.

Weil unsere Werte, unser Wille und unsere Wünsche vollkommen in unserer Macht stehen, verschaffen sie uns auch maximale Freiheit – keine Macht der Welt kann sie einschränken.

In seinen Diskursen hat Epiktet unsere möglichen Einwände und Zweifel in einem plastischen Beispiel erörtert: »Was, wenn ich einen Spaziergang machen möchte, und ein anderer Mensch hindert mich daran?«[33]

Epiktet entgegnet dem Fragenden, dass die Motivation zum Spazierengehen genau das »einzig Ungehinderte« ist. Der Wunsch, zu gehen, bleibt ja bestehen, auch wenn ihn jemand – wie in diesem Beispiel – daran hindert.

Die nächste Freiheit liegt darin, *wie* wir unsere Werte in eine Handlung umsetzen: In der Situation des Spaziergangs könnten wir uns gegen den, der uns hindert, körperlich wehren. Wir könnten ihn aber auch zur Rede stellen oder ihn ignorieren – was wir tun, entscheiden ganz allein wir, und nicht der Kontrahent.

Dieser Perspektivenwechsel ist höchst effektiv: Wir sind nicht mehr das bemitleidenswerte Opfer, sondern entscheiden autonom über unsere Handlungen und bewahren unsere Freiheit. Noch deutlicher erkennen wir die Genialität des veränderten Blickwinkels in Extremsituationen:

Als der KZ-Arzt Josef Mengele die KZ-Insassin und Tänzerin Edith Eger aufforderte, für ihn im Konzentrationslager Auschwitz zu tanzen, lag die Entscheidungsgewalt über die Reaktion auf diese Frage in einer aussichtslosen Situation einzig und allein bei Eger (vergleiche Kapitel »Stoizismus in Krisensituationen«, Seite 141 ff.) Es war aber ihre freie Wahl, Mengeles Wunsch nachzugeben: Zwar handelte sie gegen ihre Wünsche und Werte, aber sie entkam dadurch vorerst dem Tod. Epiktet dazu: »Was dich zwingt, ist nicht die Drohung, sondern deine Entscheidung, dass es besser ist, etwas anderes zu tun, als zu sterben. Wieder einmal ist es dein Urteil.«[34]

Letztlich kann uns in unserem Inneren niemand dazu zwingen, etwas Unwahrem zuzustimmen, selbst wenn wir in der äußeren Situation zunächst anders handeln müssen.

Damit unsere Handlungen aber zu einem glücklichen Leben beitragen, sollen wir sie optimistisch, aber ergebnisoffen und zugleich vernünftig und tugendhaft ausrichten.

Meiner Ansicht nach kann man den Stoizismus gut als Vorläufer der geistigen und sozialen Reformbewegung der Epoche der Aufklärung ab 1700 bezeichnen. Beide Strömungen richten sich gegen Aberglauben, Vorurteile und Unvernunft. Das klare Denken und die Vernunft sind das entscheidende Instrument, mit dem sich der Mensch aus seiner Unmündigkeit befreien soll.

In den letzten Jahren wurden auch in der westlichen Welt die Freiheits- und Grundrechte massiv eingeschränkt. Es ist offensichtlich, dass sich dies vor allem auf die seelische Gesundheit der Menschen negativ auswirkt. Der Stoizismus bietet uns hier eine ausgezeichnete Handlungsempfehlung an, mit dieser ungünstigen Entwicklung umzugehen: Nach der Machtprüfung von Epiktet kann man die Freiheit in äußere (nicht in unserer Macht) und innere (in unserer Macht) Freiheit einteilen.

Es ist entscheidend zu verstehen, dass politische Maßnahmen nur unsere äußere Freiheit beschneiden können; die innere Freiheit besteht aus unseren Werten, unserem Willen und unseren Wünschen, sie kann niemals beeinträchtigt werden. Es ist sehr tröstlich, dies zu wissen, denn es trägt zu unserem psychischen Gleichgewicht und damit zu unserer seelischen Gesundheit bei.

Zugleich ist unser klares und vernünftiges Denken (es führt über unsere Werte wiederum zur inneren Freiheit) die Voraussetzung, die Einschränkungen der äußeren Freiheit überhaupt zu erkennen und zu verstehen.

Daraus ergeben sich zwei Handlungsoptionen für uns: Es steht uns frei, die innere Freiheit zu bevorzugen; wir können uns auf unsere inneren Prinzipien zurückziehen (vergleiche Kapitel »Autonomie und innere Festung«, Seite 63ff.) und die Einschränkung der äußeren Freiheit an uns abprallen lassen. Dies entspricht im Wesentlichen der Anschauung von Epikur. Sein höchstes Prinzip war es, Unlust und Schmerz zu vermeiden; somit bevorzugte er es, sich nicht in gesellschaftspolitische Prozesse einzumischen, »im Verborgenen zu leben«.

Stoiker wie Mark Aurel oder Seneca dagegen haben durchaus aktiv am politischen Leben teilgenommen. In jedem Fall zeigt uns der Stoizismus klar, wie wir mit den zunehmenden Einschränkungen der Freiheit optimal umgehen und damit unsere seelische Gesundheit fördern können. Der Stoizismus lässt uns die Wahl zwischen einem aktiven und einem passiven Weg.

Die Stoiker verlangen scheinbar sehr viel von uns, was unsere Freiheit zunächst einschränkt: So sollen wir die Realität oder unser Schicksal bedingungslos akzeptieren und Verzicht üben.

Auf der anderen Seite verhilft uns der Stoizismus aber auch dazu, Freiheiten zu entdecken, wo wir zunächst gar keine sehen: So können wir uns frei entscheiden, ob wir die Machtprüfung durchführen wollen, die uns den Weg zur Freiheit und zu einem glücklichen Leben ebnet. Wenn wir uns dafür entscheiden, machen wir uns klar, was wir wirklich beeinflussen können: unsere Werte, unseren Willen und unsere Wünsche. Schließlich entscheiden wir frei, wie wir handeln: In extremen Situationen haben wir zum Beispiel auch die Freiheit, von unseren Werten ausnahmsweise abzuweichen.

Die negative Visualisierung

Als ich vor über 20 Jahren meine Hausarztpraxis eröffnete, hatte ich schon eine gewisse Vorliebe für den Stoizismus. Ich beschäftigte mich aus berufspraktischen und persönlichen Gründen dabei vor allem mit den Methoden des Psychologen Albert Ellis, der als moderner Nachfolger der Stoiker gilt. In den nächsten Jahren füllten sich meine Bücherregale mit psychologischer Fach- und Ratgeberliteratur, schließlich blieb ich dann nach fast 20 Jahren beim antiken Stoizismus hängen. Mich faszinierten daran die einfache, klare Sprache, die hohe praktische Effektivität und das zeitlose Konzept.

Als ich jedoch auf die wichtige stoische Technik der *praemeditatio malorum* (»Nachsinnieren über schlechte Dinge«) stieß, glaubte ich zu erkennen, dass die antike Philosophie doch in die Jahre gekommen ist. Das Konzept dieser Methode, die man heute »negative Visualisierung« nennt, ist eine geistige Vorbereitung auf schlimme Lebensereignisse. Wir versuchen dabei, uns negative Lebenssituationen film- und bildhaft vorzustellen, sodass wir, wenn solche Ereignisse dann real auftreten, entsprechend vorbereitet sind und gelassen reagieren können.

Die negative Visualisierung passt so gar nicht in unser aktuelles gesellschaftliches Bild: »Stay positive« ist die allseits anerkannte Devise, die aktuelle Ratgeberliteratur quillt von positiven Botschaften über, Internetblogs präsentieren nur positive Gewinner. Die Sicht der Stoiker scheint tatsächlich nicht mehr zeitgemäß, da wir heute versuchen, alles Negative auszublenden.

Aber ist es dann auch weg? Dieses gesellschaftliche Herdenverhalten erinnert eher an ein trotziges Kind, das sich die Augen zuhält, um die Wirklichkeit nicht sehen zu müssen.

Die Bewegung des »positiven Denkens« hat der US-amerikanische Pfarrer Vincent Peale (1898–1993) wesentlich mit seinem Millionenseller *Die Kraft des positiven Denkens* von 1952 beeinflusst. Der moderne Nachfolger dieser christlich fundierten Lebenshilfe von Peale ist Rhonda Byrnes Bestseller *The secret* von 2006.

Beim positiven Denken sollen Merksätze (Affirmationen) und/oder positive Visualisierung eine dauerhaft optimistische Gemütslage erzeugen, um uns Lebensglück und Zufriedenheit zu bescheren:

- »Erfolg ist ein wesentlicher Bestandteil meines Lebens.«
- »Alles in meiner Welt ist gut.«
- »Ich ziehe Reichtum an wie ein Magnet.«

Warum funktioniert diese Methode nicht? Weil unsere Welt erkennbar *polar* aufgebaut ist: hell–dunkel, gesund–krank, arm–reich, Liebe–Hass, Leben–Tod und so weiter. Dabei handelt es sich bei den Gegensatzpaaren nicht um einen wirklichen Gegensatz, sondern um ein Zusammengehören von zwei gegenüberliegenden Polen derselben Sache, die eine Einheit ergeben. Das eine ist ohne das andere nicht möglich. Ohne Reichtum gibt es keine Armut, ohne Krankheit keine Gesundheit und so weiter.

Wenn wir uns einseitig einem Pol zuwenden, stärken wir dadurch den anderen: Wenn eine Friedensbewegung mit immer radikaleren Methoden für den Frieden »kämpft«, wird sie schließlich selbst »Krieg führen«. Wenn wir uns ständig mit unserer Gesundheit beschäftigen, werden wir uns in Wirklichkeit kränker fühlen. Demnach ist es nicht möglich, nur eine Seite – in diesem Fall die Positive – zu fördern, da dann die andere Seite irgendwann ihren Tribut fordert. Das »positive Denken« führt durch die einseitige Sicht der Dinge schließlich zum Realitätsverlust und zum Absturz, wenn sich die Wirklichkeit Bahn bricht.

Der Stoizismus geht hier deutlich differenzierter vor: Auf der einen Seite müssen wir das Unvermeidliche, die Realität und unser Schicksal anerkennen. Auf der anderen Seite haben wir aber die Macht, über unser Inneres, über unsere Ziele, die zukunftsgerichtet sind, unser Handeln zu beeinflussen – hier können wir versuchen, unsere Wünsche und Träume zu verwirklichen. Die Folgen unseres Handelns müssen wir jedoch als Realität dann wieder akzeptieren.

Zwei maßgebliche Vertreter der modernen kognitiven Verhaltenstherapie, Martin Seligman und Aaron T. Beck, sehen den Pessimismus als Wegbereiter für die Depression und begründen das nachvollziehbar. Ihrer Ansicht nach beeinträchtigen diese seelischen Verstimmungszustände nicht nur unsere seelische, sondern auch unsere körperliche Gesundheit massiv. Daher raten sie zum Optimismus – allerdings zu einem situationsspezifischen, wissenschaftlich begründeten und vorsichtig abgestuften Optimismus. Das ist keineswegs mit pauschalem »positivem Denken« zu vergleichen!

Je mehr ich mich nun mit dem Stoizismus und der Technik der negativen Visualisierung beschäftigte, umso einleuchtender erschien mir dieses Prinzip, auch wenn es dem gesellschaftlichen Trend zuwiderläuft.

Welche Vorteile können wir nun erwarten, wenn wir uns schlimme Dinge im Geiste vorstellen?

Zufriedenheit mit der Gegenwart

Sie kennen doch den alten Schülertrick: Man malt sich eine schlechte Zensur mit aller Deutlichkeit aus, jammert allen etwas vor, ist aber dann doch zufrieden, wenn man eine akzeptable, bessere Note erhält als erwartet.

Allgemeine Abhärtung

Es ist nicht gesagt, dass unser komfortables Leben in den westlichen Industriestaaten ewig anhält. Auch unsere heile Welt kann durch schlimme Krisen (Wirtschaft, Energie) erschüttert werden. Der Russisch-Ukrainische Krieg seit Februar 2022 zeigt, dass auch Europa nicht von bewaffneten Konflikten verschont bleibt. Es kann daher nicht schaden, sich auszumalen, wie wir nach dem Motto von Seneca unsere Komfortzone verlassen müssen: »Darum sagen wir, dass dem Weisen nichts geschieht, was er nicht schon erwartet hat.«[35]

Hyposensibilisierung gegen Ängste

Wenn Sie für Ihre »Abhärtung« genau die Themen aussuchen, zu denen Sie ein »neurotisches Verhältnis« pflegen, so führen Sie an sich selbst eine »Hyposensibilisierung« gegen Ihre Ängste durch.

Die moderne kognitive Verhaltenstherapie arbeitet hauptsächlich mit dem Prinzip, Patienten schrittweise ihren Ängsten auszusetzen. Das ist also nichts anderes als eine praktisch ausgeführte negative Visualisierung.

Der Literatur-Nobelpreisträger Bertrand Russell (1872–1970) beschreibt es sehr deutlich: Bei Angst infolge von Krebserkrankung, finanziellem Zusammenbruch, Partnerschaftskonflikten und so weiter »wenden all diese Leute eine verkehrte Technik zur Bekämpfung ihrer Ängste an; sobald sie daran denken, versuchen sie gewaltsam, ihren Geist auf etwas anderes zu lenken; sie zerstreuen sich durch Vergnügungen oder durch Arbeit oder sonst was. Jede Art von Angst wird aber dadurch, dass man ihr ausweicht, schlimmer … darum besteht die richtige Behandlung jeder Angst darin, dass man vernünftig und ruhig, aber sehr konzentriert so lange darüber nachdenkt, bis sie einem völlig vertraut geworden ist.«[36]

Durchführung der negativen Visualisierung

Beispiel einer spezifischen Angst

Sie haben Angst davor, mit dem Auto auf Autobahnen zu fahren? Dann stellen Sie sich eine bekannte Strecke möglichst detailgetreu vor und sehen Sie, wie Sie diese befahren, so wie in einem Film, der vor Ihrem inneren Auge abläuft:

Sie blicken beim Einfädeln in den Rückspiegel, dann lenken Sie auf die rechte Spur hinter einen Lastwagen. Sie setzen den Blinker zum Überholen, ziehen auf die linke Spur, neben sich sehen Sie die großen Räder des Lkws, im Rückspiegel betrachten Sie den nachfolgenden Verkehr, bevor Sie dann vor dem Lastwagen wieder auf der rechten Spur weiterfahren.

Dies entspricht dann einer »in sensu«-Konfrontation, die durchaus effektiv ist. Danach können Sie zunächst ein kurzes Autobahnstück tatsächlich befahren, um sich damit »in vivo« Ihrer Angst zu stellen. Zwischendurch können Sie Epiktets Vorstellungsprüfung zitieren und einstreuen, dass »nicht die Dinge, sondern nur Ihre Vorstellungen« schlimm sind. Also, die Autobahn an sich gesehen ist ja gar nicht unangenehm, sondern nur Ihre Gedanken darüber. Oder Sie machen sich klar, dass nach den Stoikern die Angst der Menschen immer daher rührt, dass sie die Realität ablehnen. Sie haben nun die Vorstellungsprüfung gemacht, damit können Sie die Realität jetzt annehmen: Sie befinden sich aktuell mit Ihrem Auto auf der Autobahn – das ist alles!

Bei dieser Übung steht die Hyposensibilisierung stark im Vordergrund.

Wie sollen Sie nun reagieren, wenn Sie das Gefühl haben, dass Ihre Bemühungen hier scheinbar wirkungslos sind?

Der Erfolg Ihres Trainings hängt im Wesentlichen von zwei Faktoren ab: Von der Intensität Ihrer Anstrengungen und dem Grad der Chronifizierung ihrer dysfunktionalen Vorstellungen. Bestehen Ihre dysfunktionalen Vorstellungen zum Fahren auf der Autobahn schon viele Jahre, so sollten Sie, wenn Sie die negative Visualisierung als inneren Film »in sensu« anwenden, vor allem geduldig sein und es immer wieder versuchen, auch wenn es Sie vielleicht langweilt – hierzu benötigen Sie die stoische Tugend der *Disziplin*.

Dagegen kommt es bei der praktischen Durchführung, dem Fahren auf der Autobahn »in vivo« hauptsächlich auf die stoische Tugend des *Mutes* an; Sie müssen hier stark überwinden und gegen Ihre Angst ankämpfen; allzu leicht könnten Sie versuchen, diese für Sie unangenehme Übung zu vermeiden – also halten Sie durch!

Neben Ängsten eignen sich vor allem Verlustsituationen zur negativen Visualisierung.

Verlust der Gesundheit

> In letzter Zeit haben Sie immer wieder Bauchschmerzen, Sie fühlen sich schlapp und antriebslos, Sie haben Gewicht verloren. Der Hausarzt schickt sie zur Computertomographie, der Radiologe teilt Ihnen mit: »Tut mir leid, aber Sie haben Veränderungen im Bereich des Dickdarms und der Leber.« Die weitere Abklärung ergibt einen Darmkrebs mit beginnenden Lebermetastasen, Sie bekommen einen Port gelegt, und darüber hinaus wird eine Chemotherapie eingeleitet. Ihnen ist schlecht, und Sie verlieren weiter an Gewicht …

… aus der Albtraum beziehungsweise die negative Visualisierung!

Diese Übung kann Ihnen helfen, sollten Sie einmal schwer krank werden, die Wucht des Schocks zu verringern.

Verlust des Lebens

Sie können sich auch den Verlust des eigenen Lebens oder das von geliebten Menschen vorstellen.

> Sie befinden sich im Auto auf dem Weg zur Arbeit, ein Fahrzeug von der Gegenseite kommt frontal auf Sie zu, Sie hören einen lauten Aufprall, der Airbag bläst sich auf, dann Dunkelheit, Sie werden langsam wach, verspüren heftige Schmerzen, in der Ferne tönt ein Martinshorn, eine warme Flüssigkeit läuft über Ihr Bein, Sie werden schwächer …

Epiktet empfahl zudem die Übung, sich den Tod von Familienangehörigen als potenziellen Schicksalsschlag vor Augen zu führen: »Wenn du deinem Kind oder deiner Frau einen Kuss gibst, erinnere dich daran: Ich küsse einen Sterblichen.«[37]

William B. Irvine bringt in seinem Werk *Eine Anleitung zum guten Leben*[38] ein Beispiel von zwei Vätern: Der eine Vater nimmt sich Epiktets Rat zu Herzen und stellt sich vor, dass sein Kind bald sterben wird. Entsprechend liebevoll und aufmerksam behandelt er es in der Folge. Der andere Vater geht davon aus, dass sein Kind ihn überleben wird, und sieht weniger Gründe dafür, ihm jetzt schon ständig mit Liebe und Aufmerksamkeit zu begegnen. Unter dem Strich behandelt der erste Vater durch die Visualisierung sein Kind liebevoller.

Materielle Verluste

Die Visualisierung von materiellen Schäden ist weniger drastisch, als wenn Sie Ihr Leben oder Ihre Gesundheit in der Vorstellung aufgeben müssen. Sie sollen nur Ihr geliebtes Auto hergeben oder Ihr Haus verkaufen, vielleicht wegen einer Fehlspekulation, einer Ehescheidung, oder Sie haben Ihren Job verloren. Möglicherweise wird Ihnen beim Vorstellen des Verlustes ohnehin klar, dass Sie diese Besitztümer für ein zufriedenes Leben gar nicht brauchen.

Praktische Anwendung

Vielleicht mag Ihre Übung anfangs etwas zäh verlaufen. Wir sind es nicht gewohnt, unsere Zeit mit etwas Negativem zu »verschwenden«. Mit zunehmender Praxis werden Sie abgehärteter werden, es wird Ihnen nichts mehr ausmachen. Ich bevorzuge zum Beispiel, die negative Visualisierung auf meiner längeren Fahrt zum Arbeitsplatz im Auto durchzuführen. Die Pendelstrecke kenne ich auswendig, ich lasse die Gedanken einfach laufen und habe dann das Gefühl, meine Zeit nicht zu vergeuden. Sie können die »praemeditatio malorum« natürlich auch in der U- Bahn, im Wartezimmer des Zahnarztes oder im Flugzeug anwenden.

Kritik an der negativen Visualisierung

Die negative Visualisierung ist eine zielgerichtete, zeitlich begrenzte geistige Übung, die ein ausgewähltes Thema wie zum Beispiel eine Krankheit oder einen spezifischen Verlust zum

Inhalt hat. Sie hat einen definierten Anfang und ein definiertes Ende und unterscheidet sich damit eindeutig vom strukturlosen, sorgenvollen Grübeln eines depressiven Patienten.

Wenn Sie die Übung richtig, regelmäßig, aber andererseits auch nicht ständig anwenden, erhöhen sich Ihre Zufriedenheit und Lebensfreude. Nach dem Beispiel von Irvine[39] führt die Übung der negativen Visualisierung nicht zum Pessimismus, sondern stärkt unsere Zufriedenheit: Der Stoiker sieht das Glas nicht nur halb voll, sondern er ist glücklich, dass er das Glas überhaupt besitzt, denn es hätte ja – gemäß der negativen Visualisierung – zerbrochen oder gestohlen sein können.

Das in unseren westlichen Gesellschaften weitverbreitete »positive Denken« funktioniert dagegen zu pauschal und wenig differenziert. Eine gelungene Zwischenposition nimmt Martin Seligman ein. Er vertritt eine wissenschaftlich fundierte Methode, wie man Optimismus gemäßigt und sinnvoll einsetzen kann (vergleiche Kapitel »Der Stoizismus und die kognitive Verhaltenstherapie«, Seite 65ff.).

Gäbe es dann aber keinen wissenschaftlichen Fortschritt und kein Wirtschaftswachstum, wenn die Menschen stets mit dem zufrieden sind, was sie gerade besitzen? Wahrscheinlich wirkt die Lehre der Stoa primär für reifere Menschen in der Mitte des Lebens anziehend, die ihre Konsumphase meistens ohnehin schon überwunden haben, obwohl sich auch immer mehr jüngere Menschen offen für die stoische Lebensphilosophie zeigen; das ist auch sinnvoll, da der Stoizismus am besten vorbeugend wirkt und so bei jungen Menschen besser zur Geltung kommt – bei Älteren haben sich viele dysfunktionale Verhaltensmuster oft schon chronisch eingeprägt und sind schwerer zu bearbeiten.

Zum anderen zeigen unsere Vorbilder Epiktet, Seneca und Mark Aurel, dass man trotz – oder wegen – des Stoizismus höchst erfolgreich sein kann: Epiktet führt als freigelassener Sklave eine bekannte Philosophenschule, Seneca war ein berühmter Dramatiker, Redner, Politiker und erfolgreicher Geschäftsmann, Mark Aurel herrschte als Kaiser über das damals größte Weltreich.

Die negative Visualisierung ist eine weitere stoische Technik, mit der Sie indirekt lernen, die Realität und Ihr Schicksal zu akzeptieren. Sie stellen sich vor Ihrem geistigen Auge etwas Schlimmes vor und nach der Übung sind Sie erleichtert, dass Sie aktuell davon verschont sind. Sie gehen gestärkt daraus hervor, dem Negativen nicht ausgewichen zu sein. Wenn eine ähnliche Situation tatsächlich eintritt, sind Sie darauf geistig vorbereitet.

Verzicht

Verzicht bedeutet, etwas aufzugeben, insbesondere das, was wir vorher besessen oder genossen haben. Die Stoiker haben die Lehre des Verzichts von den Kynikern übernommen.

In allen Weltreligionen spielte der Verzicht immer schon eine große Rolle, man denke an die Fastengebote im Christentum oder im Islam. Besonders der Buddhismus und der Hinduismus sehen im Aufgeben, nach Luxus und Komfort zu streben, den Weg zur Erleuchtung. Die Botschaft dahinter ist bestechend einfach: Wenn ich auf äußere Güter verzichten kann, bin ich weniger abgelenkt und besser in der Lage, mich auf mein Inneres zu konzentrieren.

An dieser Strategie muss schon etwas dran sein, denn die großen Weltreligionen können in diesem Punkt wohl nicht alle irren!

Die heutigen westlichen Industriestaaten bauen dagegen weitgehend auf das Prinzip des Konsums – also das Gegenteil von Verzicht. Daraus ergibt sich eine ungünstige Auswirkung, die Brickman und Campbell 1971 zutreffend als »hedonistische Tretmühle«[40] bezeichneten. Wir benötigen immer stärkere Reize durch Luxus- und Konsumgüter, um unser Glücksniveau halten zu können. Sie kennen das aus eigener Erfahrung: Im Studium oder in der Ausbildung genügt uns ein klappriges Auto. Wenn wir beruflich erfolgreich sind, gönnen wir uns einen Oberklassewagen mit allem Luxus und sind bald darauf wieder unzufrieden damit. Schließlich freut uns der nagelneue Porsche für einen sechsstelligen Betrag auch nur kurz; wie wär's zusätzlich mit etwas Exklusivem – vielleicht mit einem rassigen italienischen Sportwagen? Mit dem neuen Fuhrpark kommen viele neue Sorgen auf uns zu:

- Wo stellen wir die Autos ab?
- Zusätzliche Kosten durch Versicherung, Reparaturen, Kundendienst
- Angst vor Diebstahl
- Neid der Nachbarn
- Erhöhter Zeitbedarf für die Pflege der Autos

Brickman und Campbell wollten uns mit ihrem Bild von der Tretmühle verdeutlichen, dass wir darin zwar Bewegung erzeugen, die sich im Anhäufen von Luxusgütern zeigt, doch in Bezug auf unser Glück oder unsere Zufriedenheit treten wir auf der Stelle. Anders ausgedrückt: Der Grenznutzen steigt ab einem bestimmten Niveau nicht mehr an. Wir können den Nutzen durch weiteren Konsum nicht mehr steigern. Rolf Dobelli sieht den Umschlagpunkt in den europäischen Industriestaaten konkret bei etwa 100.000 Euro Jahreseinkommen pro Haushalt, darüber wird man nicht wirklich glücklicher.[41]

Durch den Verzicht erhalten wir dagegen eine mentale Belohnung. Wir fühlen uns durch die Enthaltung gestärkt, weil wir unserem Verlangen nicht nachgegeben haben; wir haben *Disziplin* – eine stoische Tugend – geübt.

Der sogenannte Marshmallow-Test[42] des Persönlichkeitspsychologen Walter Mischel (1930–2018) von der Stanford University von 1972 bestätigt diese Überlegungen. Der Psychologe wollte herausfinden, wie sich die Fähigkeit zur Selbstkontrolle bei Kindern in ihrem späteren Leben auswirkt. Dazu wurden 600 Kinder zwischen vier und sechs Jahren vor die Möglichkeit gestellt, ein Marshmallow gleich zu essen oder 15 Minuten zu warten, bis sie ein zweites bekämen. Bei den Kindern, die den Belohnungsaufschub erwarten konnten, zeigte sich in einer Nachbeobachtungsstudie 1980/1981, dass sie als junge Erwachsene mehr Selbstbeherrschung, eine hohe soziale Kompetenz und bessere Karrierechancen hatten sowie stressresistenter waren.

Eine gute stoische Methode, mit der wir Verzicht vorbeugend und praktisch üben können, ist die negative Visualisierung.

Die jüngeren Stoiker mit Seneca, Epiktet und Mark Aurel haben es geschickt verstanden, die vormals sehr strengen Forderungen ihrer Vorgänger zu relativieren: Besitz und Luxus wurden von ihnen unter der Bedingung toleriert, jederzeit darauf verzichten zu können, also nicht abhängig davon zu sein.

Seneca als vielfacher Millionär und Mark Aurel als Kaiser des damals größten Weltreiches wurden aus oberflächlicher Betrachtung heraus häufig kritisiert, gegen das stoische Gebot des Verzichts verstoßen zu haben. Mark Aurel trat als Kaiser aber stets bescheiden auf, und Seneca war schließlich sogar bereit, sein Leben herzugeben, als er von Kaiser Nero zum Suizid gedrängt wurde.

Im Verzicht sahen nicht nur die antiken Philosophien, sondern auch alle Weltregionen einen Weg, zu innerer Zufriedenheit zu finden. Die jüngeren Stoiker haben die strengen Regeln ihrer Vorgänger gelockert: Wir dürfen durchaus Luxusgüter besitzen, sollen aber nicht von ihnen abhängig sein – wir sollten jederzeit klaglos darauf verzichten können.

Autonomie und innere Festung

Mark Aurel: »Wo immer ich hingehe, wird es mir gut gehen … nicht wegen meines Wohnortes, sondern wegen meiner Prinzipien, und die nehme ich mit mir. Niemand kann sie mir nehmen, sie sind mein … Besitz … sie gehören mir, wo immer ich bin und was ich tue.«[43]

Egal, was im Leben geschieht, Sie sind durch die stoischen Prinzipien innerlich so stark gefestigt, dass Sie in Ihrer »inneren Festung« unbesiegbar sind.

Ihre inneren Werte, Ihr Wille und Ihre Ziele befinden sich vollständig in Ihrer Macht. Ihre Handlungen müssen Sie jedoch wieder an die Realität anpassen. Sie geben jedoch vor, wie weit Sie dabei von Ihren Werten abweichen wollen. In jedem Fall agieren Sie autonom, Sie selbst (altgriechisch *autos*) bestimmen Ihre Regeln (altgriechisch *nomos*). In Zeiten zunehmender staatlicher Bevormundung, fehlender Werte, ausufernder Globalisierung fühlt sich das richtig gut an!

Seneca und Epiktet nahmen ihre Prinzipien mit ins Exil. Der Neurologe Viktor Frankl hat mit stoischer Ruhe das Konzentrationslager Auschwitz überlebt, der US-amerikanische Navy-Offizier James Stockdale unter direkter Berufung auf Epiktet acht Jahre Kriegsgefangenschaft und Folter in Vietnam (vergleiche Kapitel »Stoizismus in Krisensituationen«, Seite 141ff.).

Autonomie und innere Festung gelten nach Mark Aurel aber nicht nur für schwierige Lebenssituationen, sondern auch für »glücklichere Tage«: »Man sucht Zurückgezogenheit auf dem Lande, am Meeresufer und im Gebirge; und auch du hast die Gewohnheit, nach einem Aufenthaltsort dieser Art dich lebhaft zu sehnen. Aber dieses alles verrät im Grunde eine sehr beschränkte Ansicht. Steht es dir ja frei, zu jeder beliebigen Stunde dich auf dich selbst zurückzuziehen.«[44]

Ein hedonistisches Leben auf der Suche nach dem größten Reiz und maximaler Ablenkung ohne innere Prinzipien macht wohl auch nicht wirklich glücklich. Als Stoiker können Sie sich in Ihrer inneren Festung trotzdem in den schönsten Urlaub stürzen. Sie können aber auch, wenn es erforderlich ist, auf ihn verzichten.

Auch ich freue mich jedes Jahr auf den Urlaub im Land der jüngeren Stoiker … in Italien.

DER STOIZISMUS UND DIE KOGNITIVE VERHALTENSTHERAPIE

Die Entwicklung der Seelenheilkunde

Da ich im weiteren Verlauf immer wieder verschiedene Richtungen und Vertreter der modernen Psychologie nenne, gebe ich zum besseren Verständnis zunächst einen kurzen Überblick über die Entwicklung der Seelenheilkunde.

Johann Christian Reil (1759–1813) gilt als Begründer der modernen *Psychiatrie* (Seelenheilkunde), er hat den Begriff 1808 erstmals erwähnt.

Die *Psychologie* als »Lehre von der Seele« besteht als eigene Wissenschaft seit Ende des 19. Jahrhunderts. Sie wirkt fachübergreifend und lässt sich weder eindeutig den Natur- noch den Sozial-, noch den Geisteswissenschaften zuordnen.

Die *Psychotherapie* entstammt der Psychologie, deren hauptsächliche Behandlungsform sie ist. Sie wird aber auch im Rahmen der Psychiatrie eingesetzt. Diese Verbindung zwischen Psychiatrie und psychologischer Psychotherapie änderte sich mit der Entwicklung der Psychopharmaka in den 1950er-Jahren. Die Psychiatrie war ab diesem Zeitpunkt allein für die zunehmend bedeutsame Pharmakotherapie zuständig (vergleiche Kapitel »Gedanken zur modernen Therapie der Depression«, Seite 151ff.).

In der Psychotherapie sind wiederum zwei wesentliche Ansätze von Bedeutung: Die *Tiefenpsychologie* geht hauptsächlich auf die Psychoanalyse des österreichischen Arztes und Neurophysiologen Sigmund Freud (1854–1939) zurück. Sie war stark auf das Unbewusste im Menschen fixiert. Die Tiefenpsychologie half, aktuelle psychische Probleme bewusst zu machen, indem sie Ursachen in der Vergangenheit aufdeckte, wie zum Beispiel Traumatisierungen im Kindesalter. Das Konzept bezog sich daher stark auf die Vorgeschichte der Patienten, es gab ihnen aber keine Lösungen an die Hand, wie sie sich in der Zukunft besser verhalten konnten.

Genau deshalb entwickelten sich vor allem in Amerika innerhalb der Psychologie die Verhaltenstherapien. Die in den 1950er-Jahren entstandene *kognitive Verhaltenstherapie* bildete einen besonders effektiven Teilbereich in der Psychologie; ihr Ziel war es, über kognitive Prozesse eine Verhaltensänderung beim Patienten zu erreichen: Der Patient spürt mithilfe des Therapeuten seine unangemessenen Gedanken und Vorstellungen auf, um sie dann zu korrigieren. In den nachfolgenden Handlungen ergibt sich mit den neuen Ansichten auch eine neue, passendere Verhaltensweise. Die kognitive Verhaltenstherapie hat den stärksten Bezug zum Stoizismus.

Die *Positive Psychologie* ähnelt einem Teilgebiet der Psychologie, nämlich der Humanistischen Psychologie, ist aber (noch) kein offizieller Teil der wissenschaftlichen Psychologie. Sie stellt im Gegensatz zur eher defizitorientierten Psychologie positive Begriffe wie Optimismus und Glück in den Vordergrund. Ihr bedeutendster Vertreter ist seit den 2000er-Jahren Martin Seligman (geboren 1942).

Eine weitere Steigerung der positiven Psychologie stellt das *Positive Denken* dar; es ist im Bereich des Coachings, in den

Persönlichkeit- und Motivationsseminaren und in der Ratgeberliteratur angesiedelt. Als Methode setzt es auf den Glauben, man könne durch Merksätze (Affirmationen) und positive Visualisierung all seine Wünsche und Ziele verwirklichen. Die wissenschaftliche Psychologie lehnt dieses Prinzip ab.

Im Folgenden stelle ich einige Protagonisten der kognitiven Psychotherapie vor. Ich werde sie als »moderne« Vertreter der Psychologie bezeichnen, obwohl sie ihre Lehre bereits in den 1950er-Jahren begründeten und sie ihren Zenit Ende der 1970er-Jahre erreichten. Ich halte ihre Herangehensweise in ihren Methoden für am stärksten und ursprünglichsten vom Stoizismus beeinflusst. Diese »modernen« Vertreter der Psychologie aus den 1950er-Jahren wenden ihre Prinzipien wie die Stoiker einfach, klar und konsequent an.

Hoellen bestätigt dies: »Albert Ellis kann als einer der letzten, großen Kliniker gesehen werden, die ein therapeutisches System geschaffen haben. Schon die zweite Generation der Kognitiven Verhaltenstherapeuten hat derart viele, sich unterscheidende Theorien und Praktiken hervorgebracht, dass – auch aus praktischen Gründen – Besinnung auf Wesentliches angezeigt scheint.«[45]

Albert Ellis' »Rational-emotive Verhaltenstherapie« (REVT)

> **»… als ich zwischen 1945 und 1953 psychoanalytisch vorging, fand ich doch die Psychoanalyse unglaublich wirkungslos und kam deshalb 1953 auf die kognitive verhaltenstherapeutische Methode zurück. Etwa zu dieser Zeit entstand die Rational-emotive Therapie.«**[46]

Wie die Stoiker sieht Albert Ellis (1913–2007) unpassende Vorstellungen der Menschen als Ursache für seelische Erkrankungen.[47] Seiner Meinung nach erkennen wir sie an ihrem fordernden Charakter, etwas »solle oder müsse so oder so beschaffen sein«, wie zum Beispiel: »Ich sollte immer erfolgreich sein.« Ellis bezeichnete diese Forderungen als »Mussturbationen«, eine Zusammenziehung der Begriffe »Müssen« und »Masturbation« (lateinisch: *manu stuprare* = mit der Hand verwirren). Diese »verwirrten Muss-Vorstellungen« nennt er in seinem praktischen ABC-Modell iB (irrational Beliefs). Sie entsprechen dysfunktionalen Vorstellungen und führen in der Folge zu dysfunktionalen Emotionen wie Wut oder Angst. Diese Gefühle erhalten den Buchstaben C für Consequences (Folgen) aus der unpassenden Vorstellung iB. Nun fehlt noch A: Das ist ein neutrales, aktivierendes Ereignis wie zum Beispiel ein Vorstellungsgespräch als Auslöser.

Damit ist das ABC-Modell vorerst vollständig: A für Activating event (= aktivierendes Ereignis); B für Belief (= Bewertung des Ereignisses), und C für Consequences (= Verhaltenskonsequenz).

Wie können Sie Ellis' REVT anwenden?

Dazu folgendes Beispiel:
Sie bewerben sich auf eine neue Stelle und sind zu einem Vorstellungsgespräch eingeladen (A = aktiviertes Ereignis). Mit der dysfunktionalen Ansicht »Ich muss beim Vorstellungsgespräch erfolgreich sein« (iB = irrational Belief) erreichen Sie die Konsequenz C (Consequence = Folge) und haben Angst als negative Emotion entwickelt.

Die iBs von Ellis sind Dreh- und Angelpunkt seines ABC-Modells. Sie laufen nach einem typischen Grundmuster ab:

»Ellis 1«

- Forderungen an uns selbst:
  »Ich muss immer gute Leistungen bringen und die Anerkennung wichtiger Personen gewinnen, sonst bin ich ein Versager.«
- Emotionale Folgestörungen:
  Selbsthass, Angst, Depression, Zwang.

»Ellis 2«

- Forderungen an andere:
  »Andere Menschen müssen mich zuvorkommend behandeln. Sie müssen freundlich und fair zu mir sein; wenn nicht, müssen sie bestraft werden.«
- Emotionale Folgestörungen:
  Wut, Eifersucht.

»Ellis 3«

- Forderungen an die Welt:
  »Die Welt muss meine Wünsche erfüllen. Die Mitmenschen und die Welt müssen mir stets zur Verfügung stehen, ich muss von unangenehmen Erfahrungen befreit sein.«
- Emotionale Folgestörungen:
  Wut, geringe Frustrationstoleranz, Angst, Sucht.

Mit D (»dispute« = Diskussion) beginnt nun die Therapie mit ihrer inneren Diskussion im sokratischen Stil des Hinterfragens:

»Ellis 1«

- iB: *»Wenn ich bei der Prüfung versage, bin ich wertlos!«*
- D: *»Stimmt das wirklich? Kann man aus einem Ereignis so eindeutige Schlüsse ziehen? Bin ich der einzige Mensch, der bei einer Prüfung durchfällt?«*

»Ellis 2«

- iB: *»Der Prüfer muss mich das Vorstellungsgespräch bestehen lassen, sonst verhält er sich schlecht!«*
- D: *»Woher weiß ich, dass der Prüfer ein schlechter Mensch ist? Weiß ich wirklich, dass er mich absichtlich schlecht behandelt?«*

»Ellis 3«

- iB: *»Wenn mein Wunsch nach der neuen Stelle nicht erfüllt wird, ist das eine Katastrophe!«*
- D: *»Müssen meine Wünsche immer in Erfüllung gehen? Ist es mir nicht zumutbar, wie andere Menschen auch Enttäuschungen zu ertragen? Vielleicht ergibt sich ein anderes Mal eine bessere Chance?«*

Dann folgt E (»effective rational idea« = effektive vernünftige Idee), eine Art Ergebnis Ihrer Diskussion, ein akzeptabler Kompromiss. Sie entspricht einer funktionalen Neubeurteilung der Situation wie:

- *»Es wäre schön, wenn ich Erfolg hätte, aber es muss nicht sein.«*

- *»Ich habe mich nicht schlecht verhalten, sondern beim Vorstellungsgespräch mein Bestes gegeben.«*
- *»Es ist nicht katastrophal, sondern nur unangenehm, wenn ich die Stelle nicht bekomme.«*

Mit F (Feelings = Gefühle) als Schlusspunkt des ABC-Modells präsentieren sich Ihre dysfunktionalen Emotionen von C abgeschwächt. Sie sind über Ihre berufliche Zukunft nur mehr besorgt, haben aber keine Angst mehr. Die Emotionen schwächen sich ab:

- Aus Wut wurde Frustration oder Ärger.
- Aus Angst wurde Besorgnis.
- Aus Depression wurde Traurigkeit.

Schließlich sind Sie ein Mensch, der Gefühle haben darf und sie nicht komplett unterdrücken, sondern nur angemessen erleben soll. Dies befindet sich eindeutig im Einklang mit den stoischen Vorstellungen.

Ellis stellt uns mit dem ABC-Modell seiner REVT ein Konzept zur Überprüfung, das wir selbst oder auch mithilfe eines Therapeuten anwenden können. Im Mittelpunkt seiner Methode stehen die dysfunktionalen Vorstellungen in Form seiner iBs. Ellis nennt drei schlüssige Grundmuster ihres Auftretens. Der therapeutische Effekt liegt im sokratischen Dialog mit dem Diskutieren von Für und Wider. Mit der neuen Wertung »trainieren« wir unsere Gefühle und beeinflussen sie günstig.

Kognitive Therapie von Aaron T. Beck

Aaron T. Beck (1921–2021) war ein amerikanischer Psychiater und Psychotherapeut. Etwa zur gleichen Zeit wie Albert Ellis, Mitte der 1950er-Jahre, entwickelte er seine kognitive Verhaltenstherapie. Ähnlich wie Ellis wurde Beck skeptisch gegenüber der analytischen Therapie nach Freud und wandte sich von ihr ab.

Beck legte sein kognitives Modell der Verhaltenstherapie in seinem Standardwerk *Kognitive Therapie der Depression* nieder.[48] Er geht darin von drei Ursachen aus, die zu depressiven Erkrankungen führen:

- die kognitive Triade,
- die Schemata und
- die kognitiven Fehler.

Die *kognitive Triade* fasst drei typische depressive Verhaltensmuster zusammen:

- Beim negativen Selbsterleben hält der Patient sich für benachteiligt und glaubt, er sei nichts wert. Er unterschätzt und kritisiert sich oft selbst. Er ist nicht in der Lage, Glück und Zufriedenheit zu empfinden.
- Zweitens interpretiert er seine Erfahrungen ständig negativ. Er sieht zunehmend unüberwindliche Hindernisse, Niederlagen und Enttäuschungen.
- Drittens sind die Zukunftserwartungen überwiegend negativ: Der Patient nimmt an, dass seine derzeitigen

Schwierigkeiten »ewig« so weitergehen werden. Dies entspricht einer durchweg pessimistischen Sicht der Dinge, sie begünstigt das Entstehen einer Depression.

Die *Schemata* ergeben den Oberbegriff für die dysfunktionalen Verarbeitungsmuster der depressiven Patienten.

Mit seinen *kognitiven Fehlern* bringt Beck praktische Beispiele für dysfunktionales Denken: Bei der *Übergeneralisation* leitet der Patient eine allgemeine Regel oder Schlussfolgerung aus von ihm subjektiv betrachteten Vorfällen ab und überträgt sie auf eine andere Situation: »Wenn ich beim Vorstellungsgespräch durchgefallen bin, bin ich ein Versager!«

Die *Personalisierung* beschreibt die Neigung der depressiven Patienten, negative äußere Ereignisse pauschal auf sich zu beziehen: »Immer, wenn ich Geburtstag habe, muss es regnen!«

Beck gilt wie Ellis als Wegbereiter der kognitiven Therapien. Auch er nennt als Ursprung seiner Behandlung die Stoiker: »Die philosophischen Wurzeln der kognitiven Therapie können bis zu den Stoikern … Seneca, Epiktet und Marcus Aurelius zurückverfolgt werden.«[49]

Allerdings wendet sich Becks Therapie eher an Fachärzte als an die Menschen zur Selbsttherapie. Sein Depressionsinventar (BDI), ein Fragebogen für Patienten, wird auch heute noch von den meisten Psychiatern verwendet.

Byron Katie

Die US-amerikanische Geschäftsfrau und Mutter von drei Kindern litt in den 1970er-Jahren an schweren psychischen Erkrankungen wie Depression, Angststörungen, Esssucht sowie Medikamenten- und Alkoholabhängigkeit. 1986 zog sie sich am eigenen Schopf aus dem Sumpf der Probleme: Durch eine Art »Erleuchtungserlebnis« habe sie plötzlich klargesehen und ihr Leben verändert. Dabei habe sie ihre Methode »The work« entwickelt. Sie vermittelt dieses System der Selbsterkenntnis und Problembewältigung auf Vortragsreisen und Workshops in vielen Ländern der Welt.

Vielleicht erscheint es Ihnen provokant, wenn ich die amerikanische »Selfmade-Psychologin« Byron Katie in einem Atemzug mit den ehrwürdigen Stoikern und den modernen Vertretern der kognitiven Psychotherapien nenne? Überraschenderweise benutzt Katie Byron aber die gleichen Grundmuster und Denkansätze. Sie hat sie nur in ihr eigenes, sehr praktisch orientiertes Konzept »The work« gegossen: Ein Problem soll mit vier Fragen und der Umkehrung überprüft werden.[50]

Die ersten zwei Fragen sollen uns dazu anregen, unsere Vorstellungen kritisch zu beleuchten. Mit den nächsten zwei Fragen sollen wir Emotionen jeweils mit oder ohne Problem auf uns wirken lassen. Mit der Umkehrung akzeptieren wir die genau gegenteilige Ansicht unseres Ausgangsproblems, wir nehmen damit unser Schicksal komplett an.

Gehen wir nun »The work« an dem Beispiel mit dem »Vorstellungsgespräch« durch: Als entscheidende Problemaussage für Ihr Unwohlsein in der Woche vor dem wichtigen Vorstellungsgespräch identifizieren Sie: »Ich muss beim Vorstellungsgespräch erfolgreich sein!«

Erste Frage: »Ist das wahr?«

Ihre Antwort lautet hier meistens »Ja«. Es ist Ihrer subjektiven Ansicht nach für Sie elementar, den Job zu bekommen.

Zweite Frage: »Kann ich absolut sicher wissen, dass das wahr ist?«

Hier ist Ihre Entgegnung immer »Nein«, da es dabei um Fragen der Realität und des Schicksals geht. Können Sie mit letzter Sicherheit wissen, dass die neue Stelle genau richtig für Sie ist? Vielleicht würden Sie beim nächsten Vorstellungstermin eine noch bessere bekommen – und dort vielleicht sogar den Partner fürs Leben kennenlernen? Spätestens dann, wenn die Realität eintritt und Sie erfahren, dass Sie nicht bestanden haben, wissen Sie, dass Ihre Vorstellung nicht »wahr« gewesen ist.

Eigentlich stellen Sie hier die Frage, ob Sie die Realität akzeptieren wollen. Ihre subjektive Forderung konkurriert also mit der Realität und wird deshalb immer »verlieren«, sodass Sie mit »Nein« bei der zweiten Frage richtig antworten.

Dritte Frage: »Wie reagiere ich auf diesen Gedanken?«

Hiermit legen Sie nochmals den Finger tief in Ihre Wunde. Sie stellen sich die emotionalen Auswirkungen Ihrer Aussage »Ich muss beim Vorstellungsgespräch erfolgreich sein« vor. Sie spüren Angst und Verzweiflung, wenn Sie an Ihr Scheitern denken: »Wie soll es dann mit mir weitergehen, bekomme ich nochmals so eine gute Chance?«

Vierte Frage: »Wer wäre ich ohne diesen Gedanken?«

Die letzte Frage erlöst Sie emotional. Sie visualisieren kurz, wie Sie sich fühlen würden, wenn Ihnen Ihre subjektive Forderung, das Vorstellungsgespräch bestehen zu müssen, nie in den Sinn gekommen wäre: Es fällt von Ihnen ab, sie sind erleichtert. Damit trainieren Sie Ihre Gefühle durch Ihre veränderten Vorstellungen.

Mit der *Umkehrung* stellen Sie Ihre Ausgangsforderung »Ich muss beim Vorstellungsgespräch erfolgreich sein« vollkommen auf den Kopf, wenn Sie sagen: »Ich muss beim Vorstellungsgespräch *nicht* erfolgreich sein!« Diese neue Aussage nimmt dann eine mögliche Entwicklung Ihres Schicksals vorweg, die Sie damit rational und emotional zu akzeptieren lernen.

Wie Sie wahrscheinlich gemerkt haben, zielt Byron Katies »The work« hauptsächlich darauf ab, das Schicksal anzunehmen. Damit bestätigt sie die Hauptforderung der Stoiker. Ganz in diesem Sinne trägt ihr Standardwerk auch den Titel *Lieben was ist*.

Byron Katie stellt mit ihrem Programm von »The work« mit den vier Fragen die subjektive Auffassung unseres Schicksals auf den Prüfstand. Sie befindet sich damit in bester stoischer Tradition. Ihre Technik ist sehr einfach und effektiv anzuwenden. Mehr als die anderen modernen Nachfolger der Stoiker äußert sie sich zu Fragen von Gesundheit und Krankheit.

Martin Seligman

Martin E. P. Seligman (geboren 1942) ist ein sehr erfolgreicher amerikanischer Psychologe. Als Anhänger der kognitiven Verhaltenstherapie ab den 1970er-Jahren tendierte er später in den 2000er-Jahren mehr zur »Positiven Psychologie«.[51]

Seine Forschungsarbeit setzte aber zunächst am Gegenpol an, das heißt am Pessimismus. Seligman fand heraus, dass Menschen mit überwiegend negativistischen Erklärungsmustern sehr häufig depressiv werden; darin stimmt er mit A. T. Beck überein. Andersherum widerstehen Menschen mit positiven Erklärungsmustern eher depressiven Erkrankungen: **»Dann ist Pessimismus ein Risikofaktor für Depression, wie Rauchen ein Risikofaktor für Lungenkrebs ist.«**[52]

Grundlage seiner Idee waren äußerst umstrittene Tierversuche mit aufsehenerregenden Ergebnissen: Hunde, die durch unkontrollierbare, willkürliche Stromschläge in einem Käfig demoralisiert wurden, waren nicht mehr in der Lage, sich durch Springen über eine nicht allzu hohe Mauer in einen anderen Käfig zu retten. Sie litten an einer *»erlernten Hilflosigkeit«*. Andere Hunde, die die Stromschläge durch Betätigung einer Schaltvorrichtung zu kontrollieren lernten, konnten die Mauer überspringen und sich vor den unangenehmen Stromschlägen in Sicherheit bringen.

Seligman führte ähnlich umstrittene Versuche auch mit Menschen durch: Die eine Versuchsgruppe wurde in einer ersten Kabine mit Lärm konfrontiert und wiederum mit einer nicht funktionierenden Abschaltvorrichtung demoralisiert. Die Vergleichsgruppe konnte den unangenehmen Lärm ausschalten. Beide Gruppen gelangten dann in eine dritte Kabine, die wieder eine funktionstüchtige Schaltanlage besaß. Die erste, entmutigte Versuchsgruppe ergab sich ihrem Schicksal und betätigte den Schalter gar nicht mehr. Sie hatte ihre Hilflosigkeit »erlernt«. Der zweiten Gruppe gelang es, den Lärm wie gewohnt abzuschalten. Sie ging optimistisch – und damit erfolgreich – vor.

Seligman konnte mit seinen Versuchen die Erkenntnisse der Stoiker bestätigen, dass unsere unpassenden Vorstellungen auch unsere Handlungen ungünstig beeinflussen können. Neu ist seine Erkenntnis, dass unsere Erwartungshaltung (zum Beispiel optimistisch) das Ergebnis unserer Handlungen eher günstig beeinflusst und damit unsere Zufriedenheit verbessert. Die Nähe von Seligmans Ansichten zur kognitiven Verhaltenstherapie wird deutlich, wenn er bei den »Richtlinien zum Gebrauch des Optimismus« als geeignete Methode das ABC-Modell von Albert Ellis empfiehlt.[53]

Seligman ist der Meinung, dass unsere dysfunktionalen Ansichten (Ellis: »iB«) nicht nur unrealistisch, sondern sehr oft auch zu pessimistisch sind. Wenn wir dann das ABC-Modell anwenden, werden unsere pessimistisch verzerrten Ansichten in Teil D (»Dispute«) durch unsere innere Diskussion infrage gestellt. Wir sehen die Realität nun wohlwollender und akzeptieren sie dadurch besser.

Seligman vertritt einen »flexiblen« Optimismus. Er gibt zu, dass die Pessimisten sehr wohl die besseren Realisten sind: »Pessimismus stützt möglicherweise den Realismus, den wir so oft benötigen.«[54]

In folgenden Situationen hält Seligman Optimismus für angebracht:[55]

- in Fragen der Leistung, zum Beispiel bei Beförderungen,
- in Fragen des eigenen Wohlbefindens und der Gesundheit (zum Beispiel bei Depression),
- bei der Führung und Inspiration anderer Menschen.

Nicht geeignet ist er seiner Ansicht nach:

- bei schwierigen Zukunftsplänen,
- bei der Beratung anderer Menschen.

Völlig inakzeptabel sei er:

- bei einem Piloten bei der Durchsicht seines Flugzeuges vor dem Start,
- bei einem Betrunkenen vor der Heimfahrt mit dem eigenen Auto.

Seligman sieht wie Beck den Pessimismus als wesentlichen Risikofaktor für die Depression. Traurigkeit und Trauer erkennen auch die Stoiker als unangemessene Gefühle an, der Optimismus kann sie günstig beeinflussen. Ich halte diese Erkenntnis, die unser Wohlbefinden und unsere Gesundheit betrifft, für entscheidend und praktisch relevant. Deshalb habe ich den Optimismus in meinen Merkspruch der Vorstellungs- und Machtprüfung integriert (vergleiche Kapitel »Die Vorstellungs- und Machtprüfung«, Seite 30ff.).

Ab den 2000er-Jahren wendet sich Seligman hauptsächlich der Positiven Psychologie zu, er gilt seitdem als ihre Gallionsfigur.

Der Stoizismus stellt eine komplette Lebensphilosophie dar, die auch ethische Fragen beantwortet. Sie eignet sich hervorragend zur vorbeugenden Selbstanwendung. Im Mittelpunkt steht der Ansatz, das Schicksal zu akzeptieren und unangemessene menschliche Vorstellungen abzulegen.

Genau dasselbe Konzept benutzen heute die Vertreter der kognitiven Psychotherapien, allerdings mit dem Unterschied, dass heute die Behandlung erst dann einsetzt, wenn man bereits erkrankt ist. Die Stoiker dagegen empfahlen, ihre Philosophie vorbeugend anzuwenden, sodass eine seelische Erkrankung gar nicht erst eintreten sollte!

Die Methoden der »modernen Stoiker« wie Albert Ellis und Byron Katie erweisen sich als sehr praktikabel: Byron Katies »The work« ist zur Eigenanwendung prädestiniert. Es eignet sich besonders gut bei existenziellen Fragen wie Gesundheit, Krankheit und Umgang mit dem Tod. Albert Ellis' ABC-Modell kann sowohl selbst als auch mit therapeutischer Hilfe verwendet werden. Sie können es besonders gut bei zwischenmenschlichen Problemstellungen einsetzen.

STOISCHER UMGANG MIT KRANKHEIT

Dysfunktionale Gefühle machen krank

Für den Stoiker ist es wichtig, die unpassenden/dysfunktionalen Gefühle genau zu kennen: Er muss wissen, was ihre typischen Merkmale sind, was sie mit uns anstellen und wie man sie zu seinem Vorteil beeinflussen kann. Dies interessiert uns auch deshalb, weil uns diese unangemessenen Gefühle seelisch und körperlich krank machen, und genau das wollen wir ja verhindern. Außerdem können Sie hierbei erkennen, dass sich die wesentlichen Emotionen der Menschen und ihre ursächlichen gedanklichen Vorstellungen von der Antike bis in unsere Zeit kaum verändert haben.

An dieser Stelle liegt es mir sehr am Herzen, auf die äußerst differenzierte Sicht der Stoiker auf unsere Gefühlswelt aufmerksam zu machen. Es wird heute immer wieder behauptet, die Stoiker würden von uns verlangen, unsere Gefühle pauschal und komplett zu unterdrücken, und dies würde dann zu seelischen Schäden führen. Aber genau dieses emotionale Abschalten verlangen die Stoiker gar nicht von uns: Wir sollen ja nur unsere dysfunktionalen Vorstellungen bearbeiten, die den dysfunktionalen Gefühlen vorausgehen, aber nicht die Gefühle selbst.

Wenn wir die wichtigste stoische Technik anwenden, die »Vorstellungs- und Machtprüfung«, werden unsere dysfunktionalen Emotionen in der Folge schwächer: Statt wütend sind wir nur mehr ärgerlich, statt ängstlich nur mehr besorgt, statt depressiv nunmehr etwas traurig – bis sie schließlich ganz verschwunden sind.

Durch diese stoische Übung bewirken wir nachhaltig, dass unpassende Gefühle die Macht über uns verlieren – in der Folge erreichen wir die Seelenruhe und beeinflussen dadurch unsere seelische und körperliche Gesundheit günstig (vergleiche Kapitel »Warum der Stoizismus doch gesund macht«, Seite 114ff.).

Als Stoiker dürfen wir sehr wohl Gefühle zeigen, wir dürfen ausdrücklich ärgerlich, ängstlich, erschrocken, verletzt, traurig, kritisch-berührt sein – aber unter zwei wichtigen Bedingungen:

- Wir sollen unsere negativen Emotionen zeitlich begrenzen.
- Im Anschluss sollen wir sie kritisch hinterfragen und diskutieren (= Anwendung der Vorstellungs- und Machtprüfung).

Leit-Emotion Wut

Wut ist eine sehr heftige Emotion mit aggressiver Reaktion, die durch eine unangenehme Situation oder Bemerkung entsteht. Sie wirkt auf den Körper aktivierend (Stressreaktion, Kampf-Flucht-Reaktion).

Die Wut zählt eindeutig zu den unangemessenen dysfunktionalen Emotionen und verstößt elementar gegen stoische Prinzipien, allen voran gegen die Vorstellungs- und Machtprüfung: Die unangenehme Situation, die die Wut auslöst, geht erstens ja nur auf unsere subjektive Einschätzung zurück. Da sie sich als äußeres Ereignis zweitens fast immer außerhalb unseres Machtbereichs befindet, ist sie für uns gleichgültig oder nicht relevant. Weiter verstößt die Wut gegen die stoischen Tugenden, selbsterklärend gegen die Disziplin, aber auch gegen die Gerechtigkeit. Sie verlangt von uns, die Menschen freundlich zu behandeln, selbst wenn diese im Irrtum sind oder einen Fehler machen.

Eine Besonderheit der Wut im Vergleich zu den meisten anderen unangemessenen Emotionen ist ihr plötzliches, impulsives Auftreten. Diese Eigenheit macht es uns besonders schwer, die stoischen Techniken anzuwenden.

Wie sollen wir konkret mit Wut umgehen?

Als spezifische Maßnahme sollten wir zuerst den *Reaktionsaufschub* anwenden. Er ist nichts anderes als eine schnell und kurz durchgeführte Vorstellungs- und Machtprüfung. Weil aber bei der Wut die dysfunktionale Vorstellung und die emotionale Reaktion nur Bruchteile von Sekunden auseinanderliegen wirkt der Reaktionsaufschub wie eine Unterdrückung der unpassenden Emotion.

Die heute weit verbreitete Ansicht, dass durch einen Wutanfall eine Art »innere Reinigung« (altgriechisch *katharsis*) erfolge, lässt sich nicht belegen. Nein, die negativen Folgen der Wut für die soziale Umgebung, aber auch für die eigene Seele und den Körper sind zu massiv. Deshalb sollten wir sie von vornherein mit stoischen Techniken angehen. Das müssen wir ständig üben und dürfen uns auch nicht von Misserfolgen davon abbringen lassen. Wie ein Muskel, der durch Training stärker wird, werden auch wir mit zunehmender Übung besser werden.

Die passenden Fragen im Umgang mit der Wut im Sinne der Vorstellungs- und Machtprüfung sind:

- Haben wir die Situation wirklich objektiv erfasst?
- Befindet sich die Sache, über die wir uns aufregen, überhaupt in unserer Macht, sodass wir sie nachhaltig beeinflussen können?

Die letzte Frage ist mit Nein zu beantworten, da sich Wutanfälle meistens im äußeren Bereich und/oder im sozialen Kontakt abspielen, und beides liegt nicht in unserer Macht.

Die Stoiker stellen uns weitere spezielle Konzepte zur Verfügung, mit Wut umzugehen. Mark Aurel empfiehlt, dass wir uns unsere Vergänglichkeit bewusst machen sollen: »Wenn du dich auch noch so sehr erzürnst … So bedenke, dass das Leben nur eine kleine Weile dauert und dass wir bald alle tot daliegen.«[56]

Hilfreich kann es nach Mark Aurel zudem sein, sich an die eigene Fehlbarkeit zu erinnern: »Sooft du am Fehltritt eines anderen Anstoß nimmst, geh sogleich in dein Inneres zurück und überlege, welchen ähnlichen Fehler du begehst.«[57]

Der Psychologe Albert Ellis pflichtet den Stoikern mit einem weiteren Gesichtspunkt bei: Es ist nur legitim, andere Menschen zu bewerten, wenn wir alle ihre bisherigen Verhaltensweisen berücksichtigen, was de facto nicht möglich ist.[58]

Noch ein Zusammenhang kann uns über die »ausgefallene Wutreaktion« hinwegtrösten: Schließlich behandelt uns ein Mitmensch zum Beispiel mit einer Beleidigung grundsätzlich ungerecht, deshalb empfiehlt uns Mark Aurel: »Das Vergehen eines anderen muss man bei ihm lassen.«[59] Also muss der uns Schmähende mit den Folgen seiner Tat leben – und nicht wir: »Wer sündigt, versündigt sich an sich selbst; wer Unrecht tut, schadet sich selbst, indem er sich selbst verschlimmert.«[60]

Mark Aurel rät uns, dass wir uns mit einer negativen Visualisierung auf die Realitäten, die uns der kommende Tag bringen wird, bereits am Morgen vorbereiten sollen: »Ist es auch möglich, dass es in der Welt keine unverschämten Leute gebe? Nicht möglich. Verlange also nicht das Unmögliche.«[61] »Denn, dass solche Menschen also handeln, ist eine Naturnotwendigkeit, wer das nicht will, der will nicht, dass der Feigenbaum Saft habe.«[62]

Die Wut nimmt innerhalb der unangemessenen Emotionen eine Sonderstellung ein: Sie tritt plötzlich und impulsiv auf, sodass die Behandlung mit der Vorstellungs- und Machtprüfung einen Reaktionsaufschub bewirkt, der nach außen wie eine Unterdrückung der Emotion erscheint. Damit vermeiden wir hauptsächlich schädliche Auswirkungen auf das arterielle Gefäßsystem unseres Körpers und die entsprechenden Folgeerkrankungen wie Herzinfarkt oder Schlaganfall. Dadurch beeinflussen wir unsere Seelenruhe und damit unser psychisches Wohlbefinden günstig.

Beleidigung als Auslöser

Eine der häufigsten speziellen Ursachen für Wut ist die *Beleidigung*, sie stellt eine Hauptquelle für Störungen im Bereich der menschlichen Beziehungen dar. Wahrscheinlich war sie im Laufe der Geschichte unter den Völkern oft Auslöser für Kriege.

Das unvergessene Filmkomiker-Duo »Dick und Doof«, Stan Laurel (1890–1965) und Oliver Hardy (1892–1957), hat den menschlichen Umgang mit Beleidigungen in mehreren seiner Kurzfilme meisterhaft ins Komisch-Tragische übersteigert: Aus einem geringen Anlass – meist eine Beleidigung durch einen Kontrahenten – entwickelt sich langsam steigernd ein Feuerwerk, bestehend aus der gegenseitigen Zerstörung von Kleidungsstücken, Autos, ja sogar Häusern.

> **»Denke daran, dass nicht derjenige dir Verletzungen zufügt, der dich grob oder aggressiv behandelt, sondern nur deine Meinung, dass er dich verletzt. Wann immer dich also jemand provoziert, rufe dir ins Gedächtnis, dass die Provokation eigentlich deinem eigenen Urteil entspringt.«**[63]

Die eindrucksvolle, praktische Logik dieses Spruches von Epiktet ist Folge einer konsequenten Anwendung seiner Vorstellungs- und Machtprüfung: Wir sollten zuerst prüfen, ob das Unangenehme (die Beleidigung) nicht doch unseren subjektiven Vorstellungen geschuldet ist (»… deine Meinung, dass er dich verletzt …«).

Als Zweites sollen wir der Frage nachgehen, ob das Problem überhaupt in unserer Macht liegt. Die Antwort ist immer ein klares »Nein«, da derjenige, der uns beleidigt, einfach nur seine subjektive Meinung über uns kundtut. Die Meinung eines anderen Menschen gehört nach stoischen Prinzipien niemals zu den Dingen, die in unserer Macht liegen. Der Beleidigende sagt in unseren Augen etwas über uns, das wir als »schlecht« ansehen. Da aber nach stoischen Auffassungen das »Gute und Schlechte« nur aus uns selbst kommen kann, aber nicht von außen, wie beispielsweise von einem anderen Menschen, ist seine Meinung gleichgültig für uns (vergleiche Kapitel »Das Gute und das Schlechte«, Seite 40ff.).

Epiktet gibt uns direkte Hinweise, wie wir praktisch vorgehen sollten: »Beginne also mit dem Versuch, dich von diesem Eindruck nicht mitreißen zu lassen. Sobald du innehältst und dir Bedenkzeit gewährst, wirst du dich umso leichter beherrschen können.«[64]

Da die Beleidigung die Vorstufe der Wut darstellt, haben wir die Chance, sie mit der Vorstellungsprüfung als Reaktionsaufschub zu bearbeiten, um die nachfolgende Wutreaktion zu verhindern.

Wir sollten uns angewöhnen, den Reflex einer schnellen Gefühlsreaktion zu unterdrücken. Mit der Vorstellungsprüfung kommen wir dann zu dem Ergebnis, dass wir uns die Worte des Schmähenden subjektiv und voreilig zu eigen machen. Außerdem können wir seine Aussage in der Gegenwart – inzwischen Vergangenheit – nicht mehr ändern und rückgängig machen.

Ich gehe realistischerweise davon aus, dass uns dieses Vorgehen am Anfang nur sehr unvollkommen und auch nur gelegentlich gelingen wird. Mit ständiger Übung werden wir jedoch immer besser werden. Dabei hilft uns entscheidend das kognitive Element der stoischen Lehre: Wir haben mit dem Verstand erfasst, worauf es ankommt, es leuchtet uns ein – nun müssen wir die neue Sichtweise nur noch in unser Verhaltensrepertoire übernehmen!

Das Vorgehen hat noch einen positiven Nebeneffekt: Der »Beleidigende« ist enttäuscht, dass sein Tun nicht die »etablierte« Wirkung zeigt.

Nun mögen Sie noch einwenden, man dürfe den »Beleidiger« nicht ungeschoren davonkommen lassen, weil er sich sonst einen Vorteil verschafft. Wie Ihnen bereits klar sein dürfte, können wir den »Beleidiger« nicht für etwas zur Rechenschaft ziehen, das außerhalb unseres Einflussbereichs liegt. Wir können ja nur unser eigenes Tun als gut oder schlecht ansehen. Wenn Sie sich jedoch in den »Beleidiger« hineinversetzen und sich dann aus seiner Perspektive bewerten, ist seine Beleidigungs-Aktion aus seiner Sicht als schlecht/nicht tugendhaft zu bezeichnen. Das bedeutet, der Beleidiger vermindert seine Chance auf ein gutes Leben, da er sich selbst schadet – so viel zu Ihrem Trost. Sie aber, die die Beleidigung gedanklich an sich abprallen lassen und sie gelassen als »gleichgültig« annehmen, tragen zum Gelingen Ihres eigenen glücklichen Lebens bei. Da Sie dadurch auch die Stressreaktion Wut übergehen, vermeiden Sie außerdem schädliche Einflüsse auf Ihre Gesundheit.

Neid

Neid entsteht, wenn wir etwas begehren, was nicht wir selbst, sondern andere besitzen (Eigenschaften, Besitztümer ...).

Nehmen wir an, Ihr Nachbar mit einem hohen Einkommen hat sich einen Sportwagen geleistet, um den Sie ihn beneiden. Ihre unangemessene Vorstellung lautet: »Warum besitzt der so ein schönes Auto? Warum habe ich das nicht?«

Mit der Vorstellungsprüfung können Sie den Reiz des Sportflitzers infrage stellen:

- Das Auto hat wahrscheinlich hohe Folgekosten.
- Das Fahrzeug verführt den Besitzer vielleicht zu riskanten Fahrmanövern.
- Ein neuer Stellplatz ist notwendig.

Wenn Sie die Machtprüfung durchführen, stellen Sie fest, dass Ihr Budget für ein Luxusmobil nicht reicht. Aber Sie können sich ergebnisoffen wünschen, es irgendwann zu kaufen, dies läge schon in Ihrer Macht. Wenn Sie Ihren Wunsch dann in eine reale Handlung umsetzen, müssen Sie selbst entscheiden, ob es »tugendhaft« und »vernünftig« ist, sich einen teuren Sportwagen auf Kredit zu leisten.

Die dysfunktionale Emotion des Neides ist unproduktiv und sinnlos. Wir sollten uns besser um das kümmern, was in unserer Macht liegt, und wir sollten uns darüber klar werden, was wir eigentlich wollen. Der Reichtum eines anderen Menschen ist im stoischen Sinne gleichgültig, und daher gibt es keinen Grund für Neid. Die stoische Technik der negativen Visualisierung kann Ihnen zusätzlich helfen, mit dem zufrieden zu sein, was Sie schon besitzen.

Hass

Hass bezeichnet ein starkes Gefühl der Ablehnung oder Feindseligkeit, meistens im sozialen Kontext: Ein anderer Mensch vertritt eine Ansicht, die ich ablehne. Er sollte meiner Ansicht nach seine Meinung dringend ändern, um meine Zuneigung zu erfahren. Weil er es aber nicht tut, lehne ich ihn ab, halte sein Verhalten für schlecht und entwickle Hass gegen ihn.

Damit verstoße ich gegen die stoische Vorstellungs- und Machtprüfung: In meiner Macht stehen nur meine eigenen Vorstellungen, die ich verändern kann, aber nicht die von anderen Menschen.

Albert Ellis, der Vater der »Rational emotiven Psychotherapie« (REVT), bestätigt dies mehr als 2000 Jahre nach Epiktet: »Ein Werturteil über das Verhalten eines Menschen ist nur dann rational und zulässig, wenn es all seine bisherigen Verhaltensweisen berücksichtigt.«[65] Demnach kann kein Mensch über einen anderen je ein Werturteil abgeben, da wohl niemand alle Verhaltensweisen eines anderen Menschen kennen dürfte. Weder Ehepartner noch Geschwister, ja nicht einmal eineiige Zwillinge kennen einander so gut!

Die antiken Philosophen haben die Maxime, die Dinge wertfrei zu sehen, mit dem Begriff der *epoché* (anhalten, zurückhalten) belegt. Damit ist im Sinne des »Skeptizismus« die Einsicht in die eigene Unwissenheit gemeint.

Byron Katie sieht ganz in stoischer Tradition die Trennung der Zuständigkeiten: »Ich kann im Universum nur drei Arten von Angelegenheiten entdecken: meine, Ihre und Gottes.«[66]

Jonas Salzgeber schreibt in seinem *Handbuch des Stoizismus*, dass kein Mensch absichtlich falsch handle, und zitiert dabei Epiktet: »Wenn ein Mensch etwas Falsches behauptet, dann wisse, dass er nicht den Wunsch hatte, Falsches zu behaupten«, sondern »das Falsche erschien ihm wahr«.[67]

Diese Menschen handeln also nur falsch, da ihnen die Weisheit fehlt, es richtig zu erkennen. Dafür muss man sie aber nicht hassen, wir sollten uns dieses dysfunktionale Gefühl sparen. Es ist eher angebracht, Bedauern für diese Menschen zu empfinden.

Jesus Christus gibt uns ein extremes Beispiel einer »stoischen« Gelassenheit, wenn er bei seiner Kreuzigung ausspricht: »Vater, vergib ihnen, denn sie wissen nicht, was sie tun.«

Bevor man einen Menschen hasst, sollte man sich im stoischen Sinne klarmachen, dass sein Fehlverhalten wahrscheinlich auf einem Mangel an Erkenntnis oder Weisheit beruht. Das bedeutet aber nicht, dass ein Verbrechen straffrei ausgehen sollte: Wer einen Raubüberfall begeht und darin aus subjektiver Sicht die einzige Möglichkeit sieht, um mit dem erbeuteten Geld endlich das Leben zu führen, das er sich immer gewünscht hatte, der irrt sich. Für diesen Denkfehler sieht unsere demokratische Rechtsordnung dann eben eine Strafe vor.

Wenn wir die sehr dysfunktionale Emotion des Hasses mit stoischen Methoden angehen, tragen wir zu unserer seelischen Gelassenheit bei.

Leit-Emotion Angst

Als wichtiges menschliches Grundgefühl macht uns Angst vorsichtig und warnt uns vor Gefahren; so hat sie wahrscheinlich zum Überleben der Menschheit in der Evolution beigetragen. Im Gegensatz zur Wut wirkt sie deaktivierend, sie hemmt und demotiviert uns, verringert unseren Antrieb.

Uns interessieren nun aber nicht die genannten »berechtigten« Ängste, sondern die »sinnlosen« Varianten:

Viele Menschen leiden unter Ängsten, die rational nicht nachvollziehbar sind, die sich verselbstständigt und von konkreten Gefahrensituationen abgekoppelt haben. Sie sind deshalb als krankhaft zu bezeichnen und zählen zu den psychischen Erkrankungen in der Gruppe der Angststörungen; sie führen die Häufigkeitsstatistik der psychischen Krankheiten mit 15,4 Prozent an, gefolgt von den Depressionen mit 8,2 Prozent.[68]

Entstehung der Angst

Die Angst nimmt ihren Ausgang im Mandelkernkomplex (griechisch Amygdala) des Gehirns. Über das vegetative Nervensystem wird die Stressachse vom Hypothalamus aus aktiviert, sie endet mit der Ausschüttung der Stresshormone Adrenalin und Cortisol (vergleiche Kapitel »Warum der Stoizismus doch gesund macht«, Seite 114ff.).

Irrationale Ängste treten nicht aus heiterem Himmel auf, sie benötigen für ihre Entstehung zwingend ein längerfristig erhöhtes seelisches Stressniveau als Grundlage – Angst ist also ein Symptom von Stress. Sehr häufig sind berufliche Belastung und/oder partnerschaftliche Konflikte die Ursache; aber auch arbeitslose Menschen leiden neben Depressionen oft an Angststörungen; die Unterforderung und der fehlende Sinn im Leben werden bei ihnen zum Stressfaktor.

An dieser Stelle möchte ich darauf hinweisen, dass heute viele Ängste gesellschaftlich weitverbreitet und akzeptiert sind. Mit der gleichen rationalen Logik, mit der wir einem Patienten mit Flugangst vorrechnen, dass das Flugzeug statistisch gesehen das sicherste Verkehrsmittel ist, müssten wir uns selbst klarmachen, dass die tatsächlichen Lebensgefahren in unseren modernen Gesellschaften im Vergleich zur Steinzeit und zur Antike drastisch abgenommen haben. Unsere Ängste dagegen haben sich nicht um den gleichen Umfang reduziert – eher ist das Gegenteil der Fall. Das hängt auch damit zusammen, dass Politiker weltweit in autoritären Systemen die Angst als das seit der Antike gebräuchliche Herrschaftsinstrument wiederentdeckt haben. Sie erhalten Unterstützung von den im Internet weltweit vernetzten Medien; beispielsweise jagt ihre »Kraft der Bilder« sehr vielen Menschen massive Angst ein.

Der Stoizismus mit seinem Bekenntnis zum vernünftig-logischen und klaren Denken hilft Ihnen, diese Angstmache zu durchschauen. In schwierigen Zeiten, in denen die äußere Freiheit der Bürger mehr und mehr zu schwinden scheint, ermöglicht er Ihnen, Ihre innere Freiheit zu entdecken und zu leben (vergleiche Kapitel »Freiheit und Macht«, Seite 45ff.). Diese Einsichten tragen maßgeblich dazu bei, Ihre Ängste zu vermindern; sie fördern dafür Ihre Gelassenheit und damit Ihre seelische und körperliche Gesundheit.

Die stoische Seelenruhe mit Entspannung von Körper und Seele auf der einen Seite und der Stress mit nachfolgenden Gefühlen wie Ängsten auf der anderen Seite schließen einander gegenseitig aus: Ich kenne keinen entspannten Menschen, der irrationale Ängste hat.

Folgen der Angst

Die Angst (lateinisch *angustus* = eng) »verengt« im wörtlichen Sinne nicht nur unsere Seele, sondern auch unsere Lebensqualität: Wir reduzieren infolge von Ängsten unsere sozialen Kontakte (Sozialphobie), manche von uns verlassen sogar das Haus nicht mehr (Agoraphobie). Wer unter Flugangst (Aviophobie) leidet, fliegt nicht mehr in den Urlaub oder meidet berufliche Flugreisen – berufliche oder soziale/partnerschaftliche Konflikte sind oft die Folge und erhöhen unser Stressniveau zusätzlich; unser Selbstwertgefühl leidet, wir werden depressiv und damit seelisch krank.

Auf körperlicher Ebene richtet die Angst auf die Dauer ebenfalls Schaden an: Durch Wechselwirkungen zwischen Seele und Körper (Psychosomatik und Psychoneuroimmunologie) können auch körperliche Erkrankungen entstehen (vergleiche Kapitel »Warum der Stoizismus doch gesund macht«, Seite 114ff.).

Behandlung der Angst

Zugegeben, Angst ist ein äußerst unangenehmes Gefühl: Wir bekommen feuchte Hände, wir schwitzen, wir atmen hastig und oberflächlich, unser Herz schlägt so schnell wie bei einem 100-Meter-Lauf, wir blicken wie in einen Tunnel – wir glauben, verrückt zu werden oder sterben zu müssen (was aber nicht eintritt!).

Daher ist es verständlich, dass unsere »Eigenbehandlung« als Erstes darin besteht, diese unangenehmen Empfindungen zu vermeiden. Wir meiden also die Orte, Situationen oder Personen, die uns Angst machen. Dadurch erleben wir eine vordergründig äußerst wohltuende Entlastung. Der Preis dafür ist leider, dass der Radius unserer Furcht weiter zunimmt; wir umgehen nicht nur die bisherige Situation (Autobahn, Flugzeug, Aussprache mit dem Vorgesetzten), sondern wenden diese vermeintliche »Erfolgsstrategie« auf andere unangenehme Ereignisse an: Wir fahren dann nicht mehr mit der U-Bahn, mit dem Auto, kaufen nicht mehr selbst ein, gehen nicht mehr aus dem Haus …

Eine andere Möglichkeit der »Selbstbehandlung« sehen viele Angstpatienten darin, die Angst einfach zu betäuben: mit Alkohol, Tranquilizern und anderen Mitteln. Oder sie versuchen, sich abzulenken und auszuweichen auf exzessiven Internetkonsum oder Zwänge wie 30-mal pro Tag die Hände zu waschen, zehnmal das Verschließen der Haustüre zu kontrollieren et cetera– beides führt selbsterklärend nicht zu einer nachhaltigen Besserung.

Was rät uns nun Epiktet, wie wir mit unserer Angst umgehen sollen?

> **»Wenn ich einen ängstlichen Menschen sehe, frage ich mich, was will diese Person? Denn wenn sie nicht etwas wollte, was außerhalb ihrer persönlichen Macht ist, warum sollte sie dann so ängstlich sein?«**[69]

Epiktet hält uns hier gnadenlos die Hauptursache von allen unseren dysfunktionalen Emotionen vor, die auch für die Angst gilt: Wir wollen die Realität nicht akzeptieren! Mit dieser so grundlegend einfachen und klaren Ansicht setzen wir ganz am Anfang unserer Probleme an, nämlich bei der Ursache. Wenn wir die Realität annehmen, vermeiden wir jeglichen Stress und in der Folge Ängste und Panikattacken.

Ein Beispiel:
Vor einigen Jahren verkaufte ich meine Hausarztpraxis und trat eine Stelle im öffentlichen Gesundheitsdienst an; mein alter Traum von der Landarzttätigkeit endete damit – andererseits gab es Gründe, diesen Schritt zu gehen. Auf dem Weg zur neuen Arbeitsstelle mit dem Auto hatte ich monatelang Panikattacken. Weil ich die neue Realität mit all ihren neuen Herausforderungen und Mühen ablehnte, litt ich in der Folge unter Stress und entwickelte die Angststörung.

Aus meiner heutigen Sicht als Stoiker hätte ich mir damals folgende Vorgehensweise angeraten:

Als Erstes sollte ich Epiktets Ansicht ab dem ersten Augenblick genau befolgen; auch den Moment der gerade ablaufenden Panikattacke sollte ich als Realität akzeptieren. Wenn ich dagegen wütend gegen den Angstanfall ankämpfe, erhalte ich zusätzlich zur Angst nur noch eine zweite dysfunktionale Emotion (Wut) dazu.

Als Zweites sollte ich mich von der dysfunktionalen Emotion Angst zur auslösenden dysfunktionalen Vorstellung leiten lassen; sie lautet in diesem Fall: »Ich soll Hausarzt bleiben und mich nicht in eine neue Tätigkeit einarbeiten müssen.«

Als Drittes sollte ich meine unpassenden Vorstellungen mit meinem *Merksatz* (vergleiche Kapitel »Die Vorstellungs- und Machtprüfung«, Seite 30ff.) bearbeiten:

Ich beginne mit der *Prüfung der Vorstellung* (sind meine Ansichten über die neue Stelle wirklich richtig?) und der *Überprüfung der Macht* (kann ich die Situation überhaupt noch ändern?).

Dann zeige ich mich im Denken *optimistisch*: Mit den effektiven Methoden der Stoiker und ihrer modernen Nachfolger stehen die Chancen gut, meine Ängste zu überwinden.

Ich *handle ergebnisoffen* und habe das Ziel, die Ängste zu überwinden; wenn es wider Erwarten nicht gelingt, kann ich damit leben und Alternativen suchen, ohne dabei ein Vermeidungsverhalten zu entwickeln.

Dabei gehe ich *vernünftig* vor: Wenn ich nicht arbeitslos sein will, sollte ich doch daran arbeiten, den neuen Arbeitsplatz mit dem Auto aufzusuchen.

Schließlich erweise ich mich als *tugendhaft*: Ich stelle mich mutig und diszipliniert meinen Ängsten und motiviere mich immer wieder dazu, die »Vorstellungs- und Machtprüfung« durchzuführen.

Zusätzlich ist es sinnvoll, bei Angststörungen unterstützend *Entspannungstechniken* einzusetzen; sie wirken auf das vegetative Nervensystem und regen den Parasympathikus an, der im Körper des Menschen für die Entspannung zuständig ist. Eine sehr sinnvolle Technik ist die Progressive Muskelrelaxation (PMR), die auf Edmund Jacobson (1888–1983) zurückgeht.

Spezielle Atemübungen eignen sich vor allem zur akuten Behandlung von Panikattacken sehr gut.

Es sollte Ihnen aber klar sein, dass Entspannungsübungen nur eine unterstützende Funktion besitzen; eine durchgreifende Besserung Ihrer Angststörung werden sie nur erreichen, wenn sie die auslösenden dysfunktionalen Vorstellungen bearbeiten, am besten mit den stoischen Techniken.

Angst vor dem Tod

Die Australierin Bronnie Ware (geb. 1967) führte ein bewegtes Leben, sie arbeitete unter anderem acht Jahre als Palliativkrankenschwester. Sie hat über ihre Erfahrungen mit Patienten, die sie beim Sterben begleitete, zunächst in einem Blog berichtet. 2011 hat sie einen internationalen Bestseller geschrieben, die deutsche Übersetzung stammt von 2013: *5 Dinge, die Sterbende am meisten bereuen.*

Das wichtigste Versäumnis der Sterbenden ist nach Bronnie Ware: »Ich wünschte, ich hätte den Mut gehabt, mir selbst treu zu bleiben, statt so zu leben, wie es andere von mir erwarten.«[70]

Wie könnte man dieses Ziel besser erreichen als mit einer konsequenten, zusammenhängenden und sinnstiftenden Lebensphilosophie wie dem Stoizismus? Er leitet uns zur Autonomie an und macht uns mit seinen Prinzipien unabhängig von äußeren Dingen (vergleiche Kapitel »Freiheit und Macht« Seite 45ff. sowie »Autonomie und innere Festung«, Seite 65ff.)

Fast alle antiken Philosophien haben in der Überwindung der Angst vor dem Tod eine Voraussetzung für ein glückliches Leben gesehen, natürlich auch die Stoa.

Welche Ratschläge geben uns die Stoiker konkret zum Umgang mit dem Sterben?

Wahrscheinlich fällt es uns am schwersten, die stoische »Liebe zum Schicksal« gerade beim Tod umzusetzen. Dennoch steht der Tod als unser unabwendbares Los seit der Geburt fest. Wir müssen ihn – mit oder ohne Stoizismus – akzeptieren.

Xenophon (430/425–354 vor Christus), ein Schüler des Sokrates, antwortete im stoischen Sinn vorbildlich, als ihm der Soldatentod seines Sohnes gemeldet wurde: »Ich wusste, dass mein Sohn sterblich war.«[71]

So eine gnadenlos gelassene Reaktion ist aber wahrscheinlich nur von einem fortgeschrittenen Stoiker zu erwarten: Der Anfänger muss noch an sich arbeiten und die stoischen Techniken wie die Vorstellungs- und Machtprüfung bemühen.

Epiktet kritisiert unsere unpassenden Vorstellungen vom Sterben: »Nicht die Dinge selbst bekümmern die Menschen, sondern ihre Ansichten über die Dinge. Der Tod beispielsweise ist nichts Schreckliches. Das Schreckliche ist die Meinung, dass der Tod schrecklich sei.«[72] Seiner Ansicht nach liegen nur die inneren Dinge wie unsere Werte, unser Wille und unsere Wünsche in unserer Macht – der Tod gehört nicht dazu.

Welche praktischen Übungen empfehlen uns die Stoiker, wie wir mit dem Tod umgehen sollen?

Als Erstes sollten wir vorbeugend die negative Visualisierung anwenden. Mit ihr stellen wir uns bildlich vor, wie wir sterben. Nach der Übung sind wir erleichtert, dass wir noch am Leben sind, aber auch zufrieden, dass wir uns der unangenehmen Frage mutig gestellt haben. In der Realität dürfte das aber kaum den Gepflogenheiten der meisten Menschen entsprechen. Sie versuchen eher krampfhaft, alles, was mit dem Tod zusammenhängt, auszublenden und zu vermeiden.

Eine erlaubte, da sinnvolle Ablenkung bietet die zweite Methode: Wir betrachten unser Leben »von oben«, aus der Perspektive eines Vogels, eines Flugzeugs oder einer Raumkapsel in der Erdumlaufbahn. Wir wirken dabei so unbedeutend wie eine Ameise im Vergleich zum Menschen. Oder wir blicken in einer klaren Nacht nach dem Vorbild von Pythagoras (570–510 vor Christus) in den Sternenhimmel und meditieren darüber: Wir können uns zum Beispiel vorstellen, dass jeder Stern eine Sonne mit einem eigenen Planetensystem darstellt, dass die Milchstraße nur aus Sternen besteht …

Mit diesen Übungen reduzieren wir die Bedeutung, die wir uns als Menschen beimessen.

Die meisten Menschen nehmen sich noch zu Lebzeiten die wichtigste Erkenntnis der Sterbenden – sich selbst treu zu bleiben – aber nicht zu Herzen.

Nach William B. Irvine richten sie stattdessen »ihre Energie nicht auf Pflichterfüllung … und nicht auf eine prinzipientreue Haltung, die sie in Schwierigkeiten bringen könnte, sondern darauf, alles zu tun, um die Annehmlichkeiten des Lebens weiterhin genießen zu können.« Er schließt mit der beschämenden Schlussfolgerung: »Ich bin sicher, dass die Stoiker sie gefragt hätten, ob ein Leben, in dem es nichts gibt, das es wert wäre, dafür zu sterben, überhaupt lebenswert sein kann.«[73]

Von den modernen Nachfolgern der Stoa vertritt Byron Katie mit ihrer zentralen These »Lieben was ist« die konsequenteste

Auffassung davon, wie man den Tod akzeptieren kann: »Wer denkt, der Tod sei traurig? Wer denkt, Kinder sollten nicht sterben? … Wer versucht, Gott mit einer Geschichte nach der anderen, einem Gedanken nach dem anderen zu belehren? Sie etwa? Ich sage, überprüfen wir unsere Gedanken … und sehen wir, ob wir den Krieg mit der Wirklichkeit beenden können.«[74]

Byron Katie vergleicht den Tod auf tröstliche Weise mit dem Vorgang des Einschlafens: »Was sollte am Sterben nicht in Ordnung sein? Jeden Abend schließen Sie die Augen und schlafen ein. Ich wüsste nicht, dass der Schlaf den Menschen Sorgen bereitete. Sie freuen sich darauf. So manchem ist dieser Teil des Lebens sogar am liebsten. Schlimmer wird es nicht, abgesehen von ihrer Überzeugung, da wäre noch etwas anderes.«[75]

Hier muss ich Byron Katie als Arzt etwas widersprechen: Es gibt nämlich durchaus Menschen, denen der (gestörte) Schlaf echte Probleme bereitet. Deren dysfunktionales Denken mit dem Nicht-Akzeptieren der Realität hat sich schon so stark ausgeweitet, dass eine Depression und/oder Angststörung entstanden ist. Zu diesen Krankheitsbildern gehört häufig die Schlafstörung als Symptom dazu. Damit fehlt diesen Menschen nicht nur der Erholungseffekt des Schlafes für Geist und Körper, sondern auch das beruhigende nächtliche Training, loszulassen und sich dem Schlaf als »kleiner Übung des Sterbens« anzuvertrauen. Damit bildet sich ein Teufelskreis aus, denn die Angst davor, nicht einschlafen zu können, verstärkt die Depression, diese wiederum die Angst- und Schlafstörung. Oft müssen dann Medikamente durch eine Betäubung der Hirnnervenzellen den Schlaf erzwingen.

Dieser Teufelskreis ist verständlicherweise schwer zu beenden. Einfacher wäre es, die Ursache, das unpassende und dysfunktionale Denken, zu vermeiden, und zwar mit den zeitlosen und äußerst effektiven Übungen der Stoiker oder ihrer modernen Nachfolger.

Auch der Tod ist Teil der Naturgesetze oder des *logos*, der vernünftigen Ordnung des Kosmos. Wenn wir im stoischen Sinne die Realität und unser Schicksal annehmen, erkennen wir an, dass wir sterben müssen. Die Angst vor dem Tod als elementare Urangst ist dann nichts anderes als eine weitere dysfunktionale Emotion. Wir verlieren sie, wenn wir unser Schicksal von vornherein annehmen.

Ein Leben ohne Angst vor dem Tod kann nur ein glückliches Leben sein!

Trauer

Die schweizerisch- amerikanische Psychiaterin Elisabeth Kübler-Ross (1926–2004) gilt bis heute als bekannteste Sterbeforscherin, auch wenn sie in den späteren Jahren ihres Wirkens nicht ganz unumstritten war. Analog zu ihren fünf Sterbephasen hat sie auch fünf Trauerphasen beschrieben.[76] Ich möchte auf die wichtigsten vier eingehen:

1. Verdrängung: In einer Art Schockzustand will man den Trauerfall nicht wahrhaben.
2. Wut: Man realisiert den Verlust und flüchtet sich in Schuldzuweisungen (an sich selbst, an Ärzte …).

3. Verzweiflung: Man begreift den Verlust und wird traurig oder depressiv.
4. Akzeptanz: Man schließt Frieden mit dem Ereignis.

Irvine hat in seinem Werk über den Stoizismus, *Anleitung zu einem guten Leben*, Trauer als einen »emotionalen Reflex« bezeichnet.[77] In diesem Sinne haben die Stoiker die schockartige Verdrängung der ersten Trauerphase als Reflex akzeptiert.

Die Wut in der zweiten Phase stellt den Stoiker in der Anwendung seiner Prinzipien vor besondere Herausforderungen (vergleiche Kapitel »Wut«, Seite 82ff.).

Trauer soll dagegen nach Seneca schon stattfinden: »Es ist besser, Trauer zu überwinden als zu überspielen.«[78]

Die Stoiker lassen es ausdrücklich zu, Gefühle zu zeigen. Wir sollen sie aber zeitlich begrenzen: »Fließen sollen die Tränen, aber ebenso auch aufhören; es sollen aus tiefer Brust die Seufzer aufsteigen, aber ebenso auch ein Ende haben.«[79]

Das verkürzte Einwirkungsintervall der Trauer erreichen wir, wenn wir der Emotion mit unserer Vernunft begegnen: Wir hinterfragen und diskutieren unsere Trauer so lange, bis sie leichter wird. Diesen sokratischen Dialog bietet uns der moderne Nachfolger der Stoiker, Albert Ellis, in seinem ABC-Modell im Punkt D (Dispute) an:

- »Hätte es der Verstorbene gewollt, dass ich seinetwegen so traurig bin?«
- »Überwiegt nicht doch die Freude, dass ich diesen Menschen überhaupt erleben durfte?«

- »Steht es nicht schon seit unserer Geburt fest, dass wir sterben müssen?«
- »Steht es in unserer Macht, den Tod wirklich zu beeinflussen?«

Mit diesem Vorgehen haben wir dem dritten Punkt aus den Trauerphasen von Kübler-Ross, der Verzweiflung und Depression, bestmöglich vorgebeugt. Die Anwendung stoischer Techniken fördert unsere seelische Gesundheit: Wir erreichen damit die Phase vier der »Akzeptanz«.

Byron Katie, die Erfinderin von »The work«, äußerte sich fast schon flapsig zum Thema Trauer in einer Begegnung mit einer alten Freundin in ihrer »hometown«: »›Und wie geht es deiner lieben Mutter?‹ Ich sagte: ›Es geht ihr sehr gut. Sie ist tot.‹ Schweigen ... das Lächeln war aus ihrem Gesicht gewichen ... Ich hatte nur die Wahrheit gesagt.«[80]

Die Stoiker fordern von uns auch in sehr traurigen Lebenssituationen, unseren Verstand, der uns als Menschen auszeichnet, einzusetzen. Zunächst dürfen wir unseren Gefühlen freien Lauf lassen, doch sollen wir nach angemessener Zeit mit vernünftigem Denken unsere Emotionen abschwächen, um zur Seelenruhe zu gelangen.

Schmerz

Der körperliche Schmerz gehört zum Leben fast aller Menschen – mit einer seltenen Ausnahme: Menschen mit einem Gendefekt (kongenitale Analgesie) fühlen keinerlei Schmerz. Dieser Defekt führt in der Regel aber frühzeitig zum Tod.

In der Antike galten die Epikureer als die philosophischen Experten im Umgang mit der menschlichen Pein. Ihrer Meinung nach führt hauptsächlich die Freiheit von Schmerzen zur Seelenruhe. So empfiehlt uns Mark Aurel bei Schmerzen, sich an Epikur (341–271/270 vor Christus), den Begründer der gleichnamigen Lehre, zu halten.[81] Epikur wusste wohl, wovon er sprach, denn er litt an Nierensteinen. Die Koliken gehören zu den stärksten körperlichen Schmerzen des Menschen.

In seinem vierten Hauptlehrsatz formulierte er, dass *akute Schmerzen* meist stark seien, in der Regel aber auch immer wieder nachlassen würden. Der chronische Schmerz dagegen sei erträglich, dafür aber lang andauernd.[82]

Über akute Schmerzen sagt Epikur: »Der Schmerz bleibt nicht lange ununterbrochen im Fleisch, sondern der äußerste dauert ganz kurze Zeit.«[83]

Immer, wenn wir akute Schmerzen verspüren, zum Beispiel durch eine Verletzung oder eine Krankheit (Nierenkolik), sollten wir uns klarmachen, dass diese Schmerzen in absehbarer Zeit nachlassen werden: entweder von selbst oder durch entsprechende medizinische Behandlung (moderne Schmerzmittel oder gezielte Therapie wie zum Beispiel Entfernung eines schmerzenden Nierensteins).

Bei meinem letzten Zahnarztbesuch war die Wurzelbehandlung sehr schmerzhaft für mich, trotzdem habe ich mich dazu gezwungen, stoisch zu denken:

- »Der Schmerz wird nachlassen, es ist nur eine Frage der Zeit!«
- »Der Schmerz wird nicht dauernd bleiben!«
- »Ich hatte schon oft starke Schmerzen, aber sie sind immer wieder vergangen!«

Tröstend kann auch die antike Vorstellung vom Fluss der Dinge (altgriechisch: *pantha rhei*) sein; demnach ändert sich alles irgendwann, auch der Schmerz.

Sie können den Schmerz auch in Ihr Übungsprogramm der negativen Visualisierung aufnehmen und sich geistig abhärten und trainieren, wie man in einer Unfall- oder Verletzungssituation stoisch reagiert.

Bei den heute weitverbreiteten *chronischen Schmerzen* ist es notwendig, dass wir uns zunächst das Prinzip der Schmerzentstehung ins Gedächtnis rufen: Ein Schmerzrezeptor nimmt den Schmerzreiz auf und leitet ihn über Nervenbahnen im Rückenmark zum Gehirn. Hier empfinden wir den Schmerz bewusst und ordnen ihn dem Ort zu, wo er ausgelöst wurde.

Das Großhirn mit dem Sitz der Kognition bewertet die Schmerzen und trifft Entscheidungen über passende Handlungen: So versuchen wir zum Beispiel, bei einer Schnittverletzung die Blutung zu stillen.

Beim chronischen Schmerz dagegen läuft die Alarmreaktion ins Leere. Das ständige Alarmsignal hat eine verhängnisvolle Wirkung auf unsere Kognition: Die dauernde Meldung eines Zustandes, der aber nicht veränderbar oder behebbar ist, verankert sich im Schmerzgedächtnis und führt schließlich zu psychischen Reaktionen wie Frustration, Traurigkeit und Depression.

Auslöser können zum Beispiel schmerzhafte Abnutzungen an der Wirbelsäule sein, die in den Fokus des Schmerzempfindens geraten und sich verschlimmern. Das Gehirn beschäftigt sich andauernd damit; dies führt dann zu Gedanken wie »Warum hört das nicht auf?« oder »Warum habe gerade ich diese Schmerzen?«.

Umgekehrt beeinflusst die Stimmung (Psyche) das Schmerzempfinden des Gehirns: Je depressiver jemand durch die Schmerzen ist, desto stärker empfindet er sie. Manche Menschen leiden sogar ohne eine greifbare körperliche Ursache sehr stark (= somatoforme Schmerzstörung).

Für chronische Schmerzpatienten ist es sehr wichtig zu verstehen, dass die Schmerzempfindung im Gehirn mit der Psyche korreliert ist; damit steht ihnen eigentlich ein zusätzlicher, sehr geeigneter Behandlungsansatz zur Verfügung. Dagegen behandeln Orthopäden chronische Wirbelsäulenschmerzen oft nur rein somatisch (körperlich): Sie konzentrieren sich bei der Therapie weitgehend auf den Ort der Schmerzentstehung. Beispielsweise injizieren sie Kortison in eine isolierte Abnutzung an der Wirbelsäule – die Psyche des Patienten wird von ihnen weitgehend ausgeblendet. In Wirklichkeit ist aber bei diesen Patienten hauptsächlich das Schmerzempfinden gestört, da wiederum andere Patienten mit den gleichen Abnutzungen keine Schmerzen haben und sich wohlfühlen.

Warum ist das so?

Der Schmerz zählt wie die Angst zu den dysfunktionalen Empfindungen. Er ist also Folge von dysfunktionalen Gedanken, die die Wirklichkeit nicht anerkennen wollen. Menschen, die schmerzempfindlicher als andere sind, neigen eher zu unangemessenen Ansichten.

Epiktets gewichtiger Ausspruch zum Thema Angst lässt sich eins zu eins auf den Schmerz übertragen (im Originalzitat wurde das Wort »Angst« hier durch »Schmerz« ersetzt):

»Wenn ich einen Menschen mit [Schmerzen] sehe, frage ich mich, was will diese Person? Denn wenn sie nicht etwas wollte, was außerhalb ihrer persönlichen Macht ist, warum sollte sie dann so starke [Schmerzen] haben?« (Vergleiche Kapitel »Angst«, Seite 94ff.)

Wir stehen dann vor dem gleichen, paradoxen Problem wie bei der Angst: Um den Schmerz loszuwerden, müssen wir ihn annehmen, ertragen, als Teil der Realität akzeptieren. Dabei helfen uns folgende Gedanken:

- Der chronische Schmerz muss nach Epikurs Definition erträglich sein, sonst könnten wir ja nicht überleben.
- Wir können den Schmerz mit der Vorstellungs- und Machtprüfung hinterfragen und diskutieren. Es wird anfangs zäh laufen, aber »steter Tropfen höhlt den Stein«.
- Die Stoiker vermitteln uns einen tröstenden Ansporn, da sie authentisch davon überzeugt waren, dass die Seelenruhe und das gute Leben nicht von Schmerzfreiheit abhängen, weil die Gesundheit und die Krankheit zu den »gleichgültigen« Dingen gehören.

Behandlung von Schmerzen

Wie sieht nun die Behandlung von Schmerzen in der Hausarztpraxis oder bei Fachärzten wie Orthopäden aus?

Das eigentliche Zentrum der Schmerzen, die Kognition und Psyche des Patienten, wird sehr oft therapeutisch vernachlässigt. Als Hausarzt musste ich feststellen, dass zwischen Arzt und Patient eine stumme Abmachung bestand: Der Arzt spricht die eigentliche psychische Schmerzursache seines Patienten nicht an – der Patient wirft dem Arzt im Gegenzug nicht vor, ihn der Einbildung zu bezichtigen. Vorteil dieser Allianz ist Bequemlichkeit: Der Patient muss sein unpassendes Verhalten nicht aktiv und mühevoll ändern, sondern nur passiv die Therapiemaßnahmen des Arztes in Empfang nehmen und erdulden. Der Arzt verliert im Fünf-Minuten-Takt der Praxis keine Zeit mit langatmigen Ursachenerklärungen, die dem Patienten ohnehin nicht gefallen.

Chronische Schmerzen mit starker seelischer Beteiligung können ein schweres, lang andauerndes Ausmaß annehmen und sind dann kaum mehr therapierbar. Umso wichtiger ist es, möglichst frühzeitig die Fehlentwicklung zu erkennen und im Keim zu ersticken.

Hier noch ein Hinweis: Nur unter der Voraussetzung, dass nach einer verantwortungsvollen ärztlichen Abklärung medizinisch eindeutig ursächliche und behandelbare Schmerzen ausgeschlossen sind, können Sie sich selbst an die Therapie wagen. Ansonsten ist es besser, sich in ärztliche Behandlung zu begeben.

Was raten die modernen Nachfolger der Stoiker bei chronischen Schmerzen? Byron Katie greift die Beeinflussbarkeit der Schmerzen durch die Hirntätigkeit mit einem verblüffend einfachen Beispiel auf: »Tut Ihnen Ihr Körper weh, wenn Sie schlafen? Wenn Sie sehr starke Schmerzen haben und plötzlich klingelt das Telefon und Sie haben auf diesen Anruf gewartet und sind ganz darauf konzentriert, dann empfinden Sie keinen Schmerz; wenn Sie Ihr Denken verändern, verändern Sie auch den Schmerz.«[84]

Mit Byron Katies Methode »The work« können wir unsere subjektive Feststellung »Ich sollte keine Schmerzen haben« mit den vier Fragen bearbeiten:

1. »Ist es wahr, dass ich keine Schmerzen haben sollte?«
2. »Kann ich absolut sicher wissen, dass ich keine Schmerzen haben sollte?«
3. »Wie reagiere ich auf diesen Gedanken, Schmerzen zu haben?«
4. »Wer wäre ich ohne diesen Gedanken, Schmerzen zu haben?«

Schließlich enden wir mit der Umkehrung »Ich *sollte* Schmerzen haben« – damit haben wir die Realität angenommen.

Warum lohnt es sich, die Schmerzen zu akzeptieren? »Für Menschen, die den Schmerz satthaben, gibt es nichts Schlimmeres, als zu versuchen, das zu kontrollieren, was sich nicht kontrollieren lässt. Wenn Sie nach wirklicher Kontrolle streben, geben Sie die Illusion der Kontrolle auf und überlassen Sie sich dem Leben.«[85] Byron Katie zeigt hier volle Übereinstimmung mit Epiktets Machtvorstellung.

Albert Ellis würde nach seinem ABC-Modell unser Verlangen nach Schmerzfreiheit als »iB« (irrational Belief) bezeichnen: Nach seinen Grundmustern unpassender Forderungen – hier »Ellis 3« – müsste die Welt uns all unsere Wünsche erfüllen, so auch den nach Schmerzfreiheit. Im Disput »D« können Sie versuchen, Gegenargumente zu Ihrem Verlangen nach Schmerzfreiheit zu sammeln:

- »Wo steht geschrieben, dass ich keine Schmerzen haben darf?«
- »Es wäre schön, wenn ich keine Schmerzen hätte, aber ich kann es auch so akzeptieren!«
- »Alle Schmerzen, die ich bis jetzt hatte, sind irgendwann wieder vergangen!«
- »Wenn ich schlafe oder mich ablenke, habe ich keine Schmerzen!«

Die Stoiker sehen insbesondere die chronischen Schmerzen als eine dysfunktionale Empfindung an, die man analog zur Angst mit der Vorstellungs- und Machtprüfung verbessern kann. Sie stützen sich bei der Beurteilung und Behandlung von Schmerzen aber auch auf die Erkenntnisse von Epikur: Akute Schmerzen sind in der Regel schnell vorbei und chronische erträglich.

Da sowohl der Stoizismus als auch die modernen kognitiven Therapien eben gerade das Denken beeinflussen, das am Schmerzempfinden maßgeblich beteiligt ist, verändern diese Methoden den chronischen Schmerz nachhaltig und günstig.

Warum der Stoizismus doch gesund macht – Auflösung des »stoischen Paradoxons«

Epiktet zählt in seinen Diskursen die Gesundheit zu den Dingen, die ausdrücklich nicht in unserer Macht liegen:

> **»Wenn du wünschst, dass dein Körper vollkommen intakt ist, obliegt dir das oder nicht?**
> ***Es obliegt dir nicht.***
> **Und wenn du wünschst, dass er gesund ist?**
> ***Auch das nicht.*«[86]**

Wie können wir dann die Gesundheit überhaupt beeinflussen, wenn sie gar nicht in unserer Macht liegt?

Zunächst wollen wir einen modernen Vertreter der Philosophie fragen, wie er die Gesundheit sieht: Der deutsche Philosoph Hans-Georg Gadamer (1900–2002) stimmt der stoischen Sicht auf die Gesundheit im Jahr 1993 zu:

> **»Trotz aller Verborgenheit kommt sie in einer Art Wohlgefühl zutage und mehr noch darin, dass wir vor lauter Wohlgefühl unternehmensfreudig, erkenntnisoffen und selbstvergessen sind und selbst Strapazen und Anstrengungen kaum spüren – das ist Gesundheit.«[87]**

Gadamer umschreibt nur mit anderen Worten den gleichen Standpunkt wie Epiktet: Die Gesundheit sei etwas, das sich unserem direkten Zugriff entzieht (=Gadamer) – damit ist sie nicht in unserer Macht (=Epiktet). Sie ist ein »selbstvergessener« Zustand, der einem gegeben ist; man kann sie nicht herstellen oder machen. Daher kommt es zu dem Scheinwiderspruch, dass ich mich – je mehr ich für meine Gesundheit tue – umso weniger gesund fühle.

Hier ein Beispiel:
Ich habe neulich in einem Ratgeber gelesen, dass ein Mangel an Vitamin A und B depressiv macht, also stelle ich meine Ernährung um. In letzter Zeit neige ich zur Vergesslichkeit, soll da nicht Vitamin D helfen? Gibt es da nicht Tabletten? Dann kann ich gleich noch Vitamin-E-Dragees mitnehmen, die sollen nämlich die Zellalterung aufhalten. Mein Testosteronspiegel war bei der letzten Blutabnahme grenzwertig niedrig, ich vereinbare einen Termin beim Urologen – aber ist von außen zugeführtes Testosteron nicht krebserregend? Beim Hausarzt habe ich meinen Cholesterinspiegel messen lassen, der war 253 mg/dl; damit müsste ich vielleicht meine Steinzeitdiät umstellen – oder soll ich statt meiner täglichen Spazierrunde ab sofort die doppelte Strecke joggen – obwohl es mir eigentlich keinen Spaß macht? Der Hausarzt hat mir empfohlen, einen Cholesterinsenker einzunehmen; meine Google-Recherche warnt aber vor starken Nebenwirkungen dieses Medikamentes.

Nun habe ich meine »scheue« Gesundheit nicht nur weitgehend vertrieben, ich habe noch ein zweites Problem geschaffen. Zwar kann ja auch der Glaube an die Heilung eine gewisse positive Eigenwirkung erzeugen (Placeboeffekt), was bei der Einnahme von homöopathischen Kügelchen oder Vitamin-C-Pulver ja durchaus noch vertretbar sein mag.

Die Nebenwirkungen des Cholesterinsenkers beruhen jedoch nicht auf meinem Glauben, sondern sind real. Ich möchte diesen Effekt als »Placebofalle« bezeichnen: Wir beginnen mit harmlosen Mittelchen und glauben an deren Wirkung, die uns die Werbung oder gewisse Fachautoritäten versprechen. Wir gewöhnen uns an dieses Prinzip und setzen es im Umgang mit nachweisbar wirksamen, aber nebenwirkungsreichen Medikamenten fort. Statt gesünder zu werden, leiden wir unter Nebenwirkungen. Beim konkreten Beispiel der Cholesterinsenker liegen nur wissenschaftliche Nachweise für die Wirksamkeit vor, wenn bereits Gefäßerkrankungen wie Herzinfarkt oder Schlaganfall beim Patienten vorhanden sind; die Cholesterinsenker beugen dann einem erneuten Auftreten vor.

Eine präventive Therapie bei Gesunden ist jedoch nicht wissenschaftlich belegt; das hindert Ärzte aber nicht daran, das Medikament ihren Patienten zu empfehlen – diese müssen dann die potenziellen Nebenwirkungen tragen.

Gadamers Prinzip von der »Verborgenheit« der Gesundheit gilt auch für ihr Gegenteil, die Krankheit. Zwar ist es sinnvoll und auch mit stoischen Prinzipien vereinbar, bei Krankheit die bestmögliche Therapie anzustreben. Trotzdem sollten wir dabei das Kranksein nicht in den Mittelpunkt unseres Lebens rücken. Wir sollten analog zur Gesundheit versuchen, die Krankheit möglichst zu »vergessen«, uns davon ablenken, da die dauernde geistige Beschäftigung mit ihr die Restgesundheit weiter schmälert. Dies ist besonders bei Schmerzerkrankungen als verheerend anzusehen, wenn der Schmerz bei diesen Patienten immer mehr zum Lebensinhalt und Mittelpunkt wird.

Ich gebe zu, ich interessiere mich als Arzt nicht nur für die Gesundheit meiner Patienten, sondern natürlich auch für meine eigene. Sie haben mein Buch wahrscheinlich auch deshalb erworben, weil Sie ebenfalls auf der Suche nach der besten Methode sind, Ihre Gesundheit zu beeinflussen.

Ich halte es für richtig, bei der Beantwortung dieser Frage die Philosophie als »Königin« der Wissenschaften zu bemühen. Gadamer als ein bedeutender moderner Vertreter führt uns vor Augen, dass unser etablierter Umgang mit ihr fast schon tragisch unpassend ist. Vielmehr sollen wir – um wirklich gesund zu sein – das Kunststück vollbringen, unsere Sorge um sie zu vergessen.

Ich halte die Anwendung des Stoizismus als die hierfür geeignetste und effektivste Methode, die Vorgaben der modernen Philosophie an die Gesundheit zu erfüllen: Vielleicht mögen Sie zu Beginn Ihrer stoischen Übungen noch den Hintergedanken an die Gesundheit mit sich führen; aber mit zunehmendem Training erreichen Sie die seelische Gelassenheit, dass Sie die Frage der Gesundheit gar nicht mehr aktiv interessiert; Sie haben sie »vergessen«. Sie denken nicht mehr an sie und beschäftigen sich nicht mehr mit ihr – und genau dadurch fühlen Sie sich maximal gesund. Sie streben primär die Seelenruhe an und nähern sich sekundär – als Nebeneffekt – der Gesundheit!

Das bedeutet im Gegenzug aber nicht, dass Sie notwendige Therapiemaßnahmen unterlassen oder ein ungesundes Leben führen sollen: Die stoische Vernunft und Teile der Tugenden wie die Disziplin oder Mäßigung legen Ihnen selbstverständlich ans Herz, Hinweise für eine ernste Erkrankung medizinisch abklären und behandeln zu lassen; die Therapie sollte dann am besten »evidenzbasiert« sein. Grundlage dieser Behandlungen sind Studien mit zwei Vergleichsgruppen, die randomisiert (gleiche Krankheitsverteilung), placebokontrolliert (Vergleich unwirksames und wirksames Medikament), doppelblind (die Auswerter wissen nicht, in welcher Gruppe das Placebo ist) und mit ausreichender Teilnehmerzahl ablaufen. Daraus ergibt sich die bestmögliche Behandlung nach dem derzeitigen Stand der medizinischen Erkenntnis. Nutzen und Risiko werden dabei optimal abgewogen, die Behandlung ist dann für den Patienten insgesamt vorteilhaft – das wichtige ärztliche Handlungsprinzip *nil nocere* (»auf keinen Fall schaden«) ist damit erfüllt.

Diese Vorgehensweise befindet sich komplett im Einklang mit stoischen Prinzipien, da die evidenzbasierte Therapie ja mit den stoischen Tugenden der Vernunft und der Gerechtigkeit übereinstimmt.

Nicht vereinbaren lassen sich damit medizinische Behandlungen aus Gründen wie:

- Das Medikament ist teuer und neu, dann muss es auch gut sein. (Es ist aber nicht ausreichend erprobt.)
- Das Medikament hat mir die Pharmavertreterin empfohlen. (Sie verfolgt ein Eigeninteresse.)
- Das Medikament wende ich bei meinen Patienten schon zehn Jahre an, dann muss es gut sein. (Die Patientenzahl für diese Annahme ist zu klein, es fehlen die Anforderungen an die »Evidenz«.)

Darüber hinaus genügt es für einen gesunden Lebensstil, sich ausreichend zu bewegen, sich ausgewogen zu ernähren und Genussgifte im Übermaß zu vermeiden!

Der Versuch, die Gesundheit von außen mit unzähligen, immer wieder neuen Vorschlägen zur gesunden Lebensführung wie Nahrungsergänzungsmitteln, Diäten, Medikamenten, medizinischer Diagnostik und Behandlung zu fördern, ist vergeblich; dieses rastlose Vorgehen widerspricht fundamental der inneren Bedeutung der Gesundheit. Seelisches Wohlbefinden und Gelassenheit aus Ihrem Inneren bringen diese innere gesunde Haltung dagegen am besten zum Vorschein. Der Stoizismus als Lebensphilosophie vermag es daher am effektivsten, die Voraussetzungen für unsere optimale Gesundheit zu schaffen.

Vermeidung der Stressreaktion

Stoizismus und Stress passen nicht zusammen oder anders gesagt: Wer den Stoizismus praktiziert, verbannt den Stress langsam, aber sicher aus seinem Leben.

Rufen wir uns das zugrunde liegende Prinzip noch einmal ins Gedächtnis: Wenn wir eine Situation mit unangemessenen Gedankengängen bewerten, erhalten wir in der Folge dysfunktionale Emotionen wie Wut, Angst, Trauer et cetera; wir fühlen uns dann gestresst und unwohl:

Dysfunktionale Gedanken → dysfunktionale Gefühle → Stressreaktion

Tritt dieser Reaktionsablauf häufig und lang andauernd auf, kommt es zu seelischen und körperlichen Erkrankungen. Wenn wir die Prinzipien des Stoizismus dagegen häufig anwenden, ergibt sich folgender Ablauf:

Wenig dysfunktionale Gedanken → wenig dysfunktionale Gefühle → wenig Stressreaktion → wenig Krankheit

Am Anfang der Reaktionskette stehen unsere unpassenden Gedanken. Wir können sie mit stoischen Methoden bearbeiten, um die Reaktionskette zu unterbrechen beziehungsweise zu ändern.

Mark Aurel hat den Einfluss der Gedanken auf unser Befinden auf seine unnachahmliche Art zusammengefasst: »Denn von den Vorstellungen nimmt die Seele ihre Farbe an.«[88]

Gesunde Arterien

Die dysfunktionale Emotion der Wut trägt maßgeblich zur Schädigung unserer Blutgefäße bei.

Zunächst aktiviert uns die Wut durch ihre impulsive und aggressive Reaktion und führt uns auch heute noch zum evolutionären Grundmuster der Kampf-Flucht-Reaktion. Es überwiegt dabei der Kampf; dem Angriff des Säbelzahntigers auf den Urzeitmenschen entspricht heute die Mobbing-Attacke eines Arbeitskollegen im Büro.

Die physiologische Antwort des Körpers auf die Bedrohungssituation gleicht einer Stressreaktion und ist über Jahrtausende gleich geblieben: Das Gehirn regt mithilfe des vegetativen Nervensystems die Ausschüttung der Stresshormone Adrenalin und Cortisol an. Adrenalin bereitet die Kampf-Flucht-Reaktion optimal vor: Blutdruck, Puls und Atemfrequenz steigen und fördern den Sauerstofftransport zu Muskeln, Herz und Gehirn; diese überlebenswichtigen Organe bekommen zusätzlich Energie in Form von Zucker und Fettsäuren im Blut zur Verfügung gestellt.

Der Neandertaler lebte mit seiner Kampf-Flucht-Reaktion dafür aber deutlich gesünder als wir heute, denn er verbrauchte die bereitgestellten Energiereserven wenigstens und nutzte seinen hochgefahrenen Kreislauf tatsächlich für die Flucht. Wir dagegen sitzen nach dem Streit mit einem Kollegen noch Stunden am Schreibtisch, ärgern uns und verbrauchen die Depots von Zucker und Fetten im Blut nicht – im Gegenteil: So mancher von uns führt aus Frustration noch zusätzliche Energie in Form eines Schokoriegels zu!

Was passiert nun im Körper genau, wenn wir krank werden?

Der erhöhte Blutdruck, der gestiegene Blutzuckerwert und die erhöhten Blutfette schädigen die Wände der Schlagadern (Arterien) und führen auf lange Sicht zu Verkalkung dieser Blutgefäße (Arteriosklerose). Alle Organe des menschlichen Körpers (zum Beispiel Nieren, Augen, Herz, Darm …) werden von Arterien mit Sauerstoff und Nährstoffen versorgt; Organe, die durch den eingeschränkten Zufluss aufgrund der verkalkten und verengten Arterien Mangel leiden, werden dann krank. Die häufigsten Schäden entstehen an Herz und Gehirn durch Herzinfarkt und Schlaganfall, sie führen in Deutschland die Todesursachenstatistik mit 34 Prozent an.[89]

Das Hormon Cortisol unterstützt das eher kurz wirksame Adrenalin und hat darüber hinaus eine entzündungshemmende

Wirkung; dadurch unterdrückt es das Immunsystem (immunsuppressive Wirkung). Somit werden wir zusätzlich anfälliger für Infekte, wir können Autoimmunerkrankungen und sogar Krebs bekommen.

Gesunde Psyche

Die Emotionen Angst und Traurigkeit beeinträchtigen unsere Psyche, sie lähmen uns, nehmen uns die Motivation, verringern unseren Antrieb. Sie machen uns bei langfristiger Einwirkung depressiv oder schmerzempfindlich. Zu einem kleineren Teil bedienen sie wie die Wut auch die Stressachse und veranlassen die Produktion der Stresshormone Adrenalin und Cortisol.

Im Vordergrund steht aber der deaktivierende Effekt auf die Psyche; dieser hat wiederum einen erheblichen Einfluss auf den Körper. Psychische Erkrankungen führen in der Folge zu körperlichen Erkrankungen – und umgekehrt (zum Beispiel kann Krebs eine reaktive Depression bedingen). Jahrzehntelang hat die Medizin diesen Zusammenhang zwischen Körper und Seele vernachlässigt, erst in den 1970er-Jahren erfuhr das wichtige Teilgebiet der Medizin – die *Psychosomatik* – eine zunehmende Aufwertung.

Zu typischen psychosomatischen Krankheitsbildern gehören im Bauchbereich zum Beispiel der Reizdarm oder die chronisch-entzündlichen Darmerkrankungen wie Morbus Crohn und Colitis ulcerosa. Fast alle Schmerzzustände des Bewegungsapparates weisen psychosomatische Anteile auf. Auch Kopfschmerzen aller Art wie zum Beispiel Migräne gehören dazu. Im Bereich der Haut ist die Neurodermitis typisch. Auch Essstörungen wie Anorexie oder Bulimie symbolisieren Probleme zwischen Körper und Seele.

Ist Ihnen bekannt, dass die scheinbar überwiegend körperlich bedingte Erkrankung »Bluthochdruck« (Hypertonie) sehr oft psychosomatisch verursacht ist?

Irrationale und übertriebene Ängste sind eine psychische Fehlreaktion: Ein sehr ängstlicher Mensch neigt dazu, in Stresssituationen vermehrt Adrenalin auszuschütten, wodurch der Blutdruck steigt. Die nachfolgende Abklärung und Behandlung beim Hausarzt führen oft zu weiterer Angst vor erhöhten Werten beim Messen des Blutdrucks. Diese »Weißkittel-Hypertonie« tritt als situative Erscheinung in bis zu 30 Prozent der Fälle auf.[90] Zusammen mit anderen Risikofaktoren kann Bluthochdruck durch Gefäßschäden langfristig einen Herzinfarkt verursachen, der wiederum kann in der Folge eine reaktive Depression auslösen. Mit dem Herzinfarkt steigt die Angst vor dem nächsten Infarkt, dies verschlechtert insgesamt die depressive Verstimmung: Das Vollbild einer komplexen psychosomatischen Erkrankung ist erreicht!

Begonnen hat dieser Teufelskreis mit unseren ständigen dysfunktionalen Vorstellungen, über die nachfolgende dysfunktionale Emotion Angst haben wir dann die Stressreaktion losgetreten. In der Medizin sind weniger als 10 Prozent der Fälle von Bluthochdruck auf eine eindeutige körperliche Ursache zurückzuführen, wie zum Beispiel Nierenerkrankungen, hormonelle Störungen, Gefäßanomalien oder Einwirkung von Medikamenten.[91] Wenn Ärzte die Ursache einer Krankheit nicht kennen, verschleiern sie dies oft mit Fachausdrücken; so nennt man die verbleibenden über 90 Prozent der Fälle »primäre« oder »essenzielle« Hypertonie. Ich gehe davon aus, dass die meisten Blutdruckerhöhungen auf seelischen Stress zurückgehen, der wiederum auf dysfunktionalen Vorstellungen in der Kombination mit dysfunktionalen Gefühlen wie Wut und Angst beruht – und damit gut auf vorbeugendes stoisches Training reagiert.

Eine wichtige Rolle beim Entstehen von Krankheiten spielt das körpereigene Immunsystem. Auch hier sind Wechselwirkungen zwischen der Seele und dem Immunsystem möglich, sodass ein psychosomatischer Ansatz vorliegt: Dabei wirken Botenstoffe des Immunsystems, die Zytokine, auf das Nervensystem und umgekehrt auch Botenstoffe des Nervensystems auf das Immunsystem ein. Das neue und aufstrebende Forschungsgebiet nennt sich *Psychoneuroimmunologie*.[92]

Schwerpunkt dieses interdisziplinären Fachs sind neben Infektionen die Autoimmunerkrankungen und Krebs. Allerdings behandelt die Medizin die Psychoneuroimmunologie sehr stiefmütterlich; so nennen die Mediziner weiterhin als Krebsursachen ausschließlich körperliche (somatische) Ursachen wie zum Beispiel genetische Gründe (Vererbung von Brustkrebs), Rauchen, schädliche Strahlung oder Gifte.

Neben den bewährten Krebstherapien wie Operation, Chemotherapie und Bestrahlung hat sich in den letzten Jahren eine weitere, sehr effektive Behandlungsform – die Krebsimmuntherapie – etabliert. Dabei unterstützen körpereigene (endogene) Immunmodulatoren, wie beispielsweise Interleukin und Interferon, und körperfremde (exogene), wie die Substanz Thalidomid, die bisherige Therapie sehr nachhaltig. Die neuen Behandlungsmethoden setzen die Ärzte auch bei Autoimmunerkrankungen wie Multiple Sklerose oder Rheuma erfolgreich ein. Damit rückt das Immunsystem immer mehr in den Mittelpunkt der modernen Krebstherapie. Warum soll es dann keinen Zusammenhang zwischen Psyche, Immunsystem und Krebsentstehung geben?

In Vertretung der Ärzteschaft schreibt das *Deutsche Ärzteblatt*, es könne »bislang wissenschaftlich ... nicht überzeugend bestätigt werden ... daß psychische Belastungen eine maßgebliche Rolle bei der Krebsentstehung spielen ...«.[93] Die Ärzte gestehen der Psyche allenfalls eine indirekte Rolle zu; nur wenn infolge von psychischen Erkrankungen die altbekannten somatischen Risiken wie Rauchen, Alkoholmissbrauch oder ungesunde Ernährung auftreten würden, dann ergäbe sich ein Krebsrisiko. Zudem entspräche der Zusammenhang zwischen Psyche und Krebs dem laienhaften Wunschdenken der Bevölkerung in Meinungsumfragen und sei deshalb fragwürdig.

Tatsächlich aber fehlen in der Wissenschaftsliteratur Beweise für die Verbindung zwischen Psyche und Krebs. Dennoch dürfte jedem Mediziner der Zusammenhang zwischen chronischem Stress und erhöhtem Cortisolspiegel und in der Folge ansteigenden Stresshormonen wie Adrenalin bekannt sein. Auch ist es Allgemeingut medizinischen Wissens, dass diese »Stressachse« das Immunsystem unterdrückt. In der Konsequenz kommt es dadurch zur Verminderung von Botenstoffen des Immunsystems (Zytokine), die wiederum die Aktivität von Krebsabwehrzellen senken, zum Beispiel von T-Lymphozyten (T-Killerzellen) und von natürlichen Killerzellen (NK-Zellen). Wenn die spezifischen Krebs-Abwehrzellen weniger werden, ist es doch sehr wahrscheinlich, dass in der Folge vermehrt Krebserkrankungen auftreten.

So ist dieser Zusammenhang zumindest in der Theorie schlüssig, auch wenn die Überprüfung in der Praxis durch aussagekräftige Studien noch fehlt. Auch die Tatsache, dass sich für die Erforschung der Verbindung zwischen Psyche-Immunsystem-Körper (Krebs) ein eigenes, wissenschaftliches Fachgebiet herausgebildet hat, macht die Sinnhaftigkeit dieser Überlegungen deutlich.

In der aktuellen Krebstherapie hat die Psychologie/Psychotherapie die Aufgabe inne, im Rahmen der Psychoonkologie die Traumata der Krebsdiagnose und der Komplikationen zu verarbeiten. Damit ist die Psychotherapie genauso wie bei den psychischen Erkrankungen nur kurativ tätig. Der übliche präventive Behandlungsansatz bei Krebs beschränkt sich auf den Bereich der allgemeinen Lebensführung wie Ernährung, Sport, Vermeidung von Genussgiften – merken Sie etwas? Wieder werden hier hauptsächlich nur körperliche Ansatzpunkte genannt – allenfalls den Entspannungstechniken kommt ein gewisser psychischer Bezug zu. Das ist aber viel zu wenig; wenn man vereinfachend annimmt, dass Körper und Seele jeweils zur Hälfte auf unsere Gesundheit einwirken, dann ist die Psyche deutlich unterrepräsentiert. Hier bietet sich für uns die große Chance, ein brach liegendes Potenzial zu nutzen. Zumal uns nach stoischer Auffassung ohnehin der Verstand und die Vernunft als Menschen prägt; daher halte ich das geistig-stoische Training, das uns zur Seelenruhe und psychischen Ausgeglichenheit führt, für die effektivste Methode, unsere Gesundheit günstig zu beeinflussen.

Wie groß der Einfluss der Psyche auf das Immunsystem und autoimmune Folgeerkrankungen oder Krebs ist, bleibt weiterhin unklar, ebenso wie das Verhältnis zu den bereits bekannten Risikofaktoren für Krebsleiden. Haben die Gene vielleicht einen Einfluss von 20 Prozent, das Rauchen von 15 Prozent, die Psyche von 10 Prozent oder gar umgekehrt? Aber dass ein Zusammenhang besteht, erscheint sehr wahrscheinlich, warum sollte nur der somatische Ansatz zum Beispiel mit der Anwendung von Medikamenten in der Krebsimmuntherapie wirksam sein?

Und hier kommt wieder der Stoizismus ins Spiel: Wir können ihn einfach und selbstständig anwenden. Er führt uns zur Seelenruhe und zu einem glücklichen Leben, auch weil er die häufigsten seelischen Erkrankungen wie Angst und Depression verhindert. Er wirkt vorbeugend, setzt ein, wenn wir noch gesund sind und erhält somit unsere Gesundheit langfristig. Mit großer Wahrscheinlichkeit beeinflusst er über die psychosomatische Achse körperliche Erkrankungen und über den psychoneuroimmunologischen Weg auch Autoimmunerkrankungen und Krebs vorteilhaft; seine Anwendung ist nebenwirkungsfrei.

Die Stoiker waren der Ansicht, dass die Gesundheit nicht in unserer Macht liegt; paradoxerweise fördert aber die Ausübung der stoischen Lehre gerade unsere seelische und körperliche Gesundheit durch zwei Mechanismen: Aus philosophischer Sicht entzieht sich die Gesundheit zwar unserem direkten Einfluss, wir können uns aber quasi von der Seite heranpirschen: Wenn wir die stoische Seelenruhe anstreben, fördern wir damit auch unsere »Selbstvergessenheit« im Sinne des Philosophen Hans-Georg Gadamer und nähern uns über diesen Umweg gleichzeitig dem Zustand der Gesundheit an.

Zum anderen konnte ich zeigen, dass die Reaktionskette der dysfunktionalen Gedanken und der nachfolgenden dysfunktionalen Emotionen die Stressreaktion im Körper ankurbelt und uns anfälliger für seelische und körperliche Erkrankungen macht. Wir setzen mit unseren stoischen Übungen am Anfang der Reaktionskette bei den dysfunktionalen Gedanken an und verhindern so den weiteren negativen Ablauf.

Wenn wir den Stoizismus anwenden, können wir nicht nur sein von mir aufgezeigtes eigenes Paradoxon, sondern auch unsere eigenen schädlichen Reaktionen auf unsere Seele und den Körper auflösen.

Praxisanleitung: Krankheit vermeiden – Die *prosoché*

Wie sollen wir nun praktisch vorgehen, wenn wir die folgende schädliche Reaktionskette unterbrechen wollen?

Dysfunktionale Vorstellungen → dysfunktionale Emotionen → Stressreaktion → Krankheit

Sinnvollerweise sollten wir das möglichst am Anfang des Ablaufs versuchen, also bei den Vorstellungen und den Gedanken: Dies ist bei circa 60.000 Gedanken, die ein Mensch pro Tag hat, jedoch ein schwieriges Unterfangen!

Ich empfehle daher, am zweiten Glied der Reaktionskette anzusetzen, an den dysfunktionalen Emotionen. Epiktet geht in seiner Vorstellungsprüfung genau in der gleichen Reihenfolge vor: Wir sollen zu etwas Unangenehmen (= dysfunktionale Emotion) sagen: du bist nur eine (dysfunktionale) Vorstellung.

Dieses Vorgehen ist auch deshalb effizient, weil wir uns ja nur auf die Suche begeben müssen, wenn wir uns unwohl fühlen – wenn es uns gut geht, können wir es dabei belassen.

Beim Aufspüren von Gefühlen des Unwohlseins hilft uns die stoische *prosoché* (»Wachsamkeit« oder »Achtsamkeit«). Sie lässt uns die Situationen erkennen, in denen wir die entscheidenden stoischen Techniken wie die Überprüfung der Vorstellungen und der Macht anwenden können. Epiktet erklärt uns die *prosoché* bildlich: »Beim Spazierengehen achtest du darauf, nicht auf einen Nagel zu treten … genauso aufmerksam solltest du darauf achten … deiner Seele keinen Schaden zuzufügen.«[94]

Die dysfunktionalen Vorstellungen entsprechen folglich dem Nagel, in den wir treten könnten und der uns dann Schaden zufügt. Die unangenehmen Gefühle leiten uns direkt zu unseren dysfunktionalen Gedanken, die wir mit der stoischen Technik der Vorstellungs- und Machtprüfung entsprechend bearbeiten können. Wir hinterfragen unsere Ansichten, ob sie wirklich realistisch sind und ob sie sich überhaupt in unserem Einflussbereich befinden. Im Anschluss kommen wir zu einer neuen Bewertung – diese erzeugt dann keine unangenehmen Gefühle mehr.

Ein Beispiel:

Sie sitzen mit Ihrem Partner an einem schönen Sonntagnachmittag auf der Terrasse beim Kaffee. Sie sind einsilbig, gereizt – Sie fühlen sich unwohl (= dysfunktionale Emotion). Wenn Sie Ihre

Gedanken überprüfen, erkennen Sie als Ursache die am nächsten Tag anstehende Gehaltsverhandlung mit Ihrem Chef: »Wenn ich morgen versage und keine Gehaltserhöhung bekomme, platzen meine Träume vom schuldenfreien Eigenheim! (= dysfunktionale Vorstellung).«

Wenn Sie dann die Vorstellungsprüfung anwenden, kommen Sie zu dem Schluss, dass Ihre Gedanken subjektiv sind. Bei der Machtprüfung erfahren Sie, dass die Entscheidung über die Gehaltserhöhung nicht in Ihrem Einflussbereich, sondern in dem Ihres Brötchengebers liegt, Sie müssen sie also in jedem Fall akzeptieren. Warum sollten Sie sich also den schönen Sonntagnachmittag vermiesen?

Wenn Sie dieses Vorgehen oft anwenden, verhindern Sie, dass emotionaler Stress auf Sie einwirkt; Sie reduzieren damit zumindest die Häufigkeit. Unter dem Strich werden in Ihrem Körper weniger Stressreaktionen ablaufen, die Ihre Gesundheit schädigen. Sie setzen dabei genau an einem Punkt an, der sehr wohl in Ihrer Macht liegt: an Ihren dysfunktionalen Vorstellungen – und deshalb werden Sie erfolgreich sein!

Exkurs: Moderne Achtsamkeit

Die stoische Achtsamkeit *prosoché* fordert von uns also, den Verstand zu gebrauchen: Wir sollen unsere unpassenden Vorstellungen über die unangemessenen Gefühle aufspüren und dann kognitiv hinterfragen.

Die moderne Achtsamkeit (Mindfulness) will genau das Gegenteil: »Feel, don't think!«

Grundlage ist die Achtsamkeitsmeditation des US-amerikanischen Medizinprofessors Jon Kabat-Zinn (geboren 1944) aus den 1970er-Jahren; in einer Art Bodyscan solle man meditativ durch den Körper wandern, damit könne man alle Probleme des Lebens (Krankheit, berufliche und Partnerschaftsprobleme ...) beseitigen.[95]

Ein bekannter aktueller Vertreter der Achtsamkeit ist Eckhart Tolle (geboren 1948). In seinem Buch von 1997 mit dem Titel *Jetzt! Die Kraft der Gegenwart. Ein Leitfaden zum spirituellen Erwachen* sieht er im Kapitel »Du bist nicht dein Verstand« den Verstand als »das größte Hindernis auf dem Weg zur Erleuchtung«.[96] Im Unterkapitel »Befreie dich von deinem Verstand«[97] empfiehlt er »eine Unterbrechung im Strom der Gedanken zu schaffen, indem du deine Aufmerksamkeit vollkommen auf das Jetzt richtest.«[98] Zwar wehrt sich Tolle gegen den Verdacht, er wolle auf eine Ebene unterhalb der Gedanken zurückfallen, auf die Ebene der Tiere und Pflanzen.[99] So richtig entkräften kann er diese Vermutung aber nicht.

Ronald E. Purser (geboren 1956), Professor für Management an der School of Business der San Francisco State University, selbst praktizierender Zen-Buddhist, ist einer der größten Kritiker der neuen Achtsamkeit. In seinem Buch *McMindfulness. How Mindfullness became the new Capitalist Spirituality*[100] zeigt er auf, dass die kapitalistischen Großkonzerne wie Google und Apple die neue Achtsamkeit unterstützen, um die Leistungsfähigkeit ihrer Mitarbeiter zu steigern, und zugleich Kritik an ihrer Taktik unterbinden. Der Historiker Theodore Zeldin (geboren 1933) von der Universität in Oxford bezeichnet die moderne Achtsamkeit als einen »Tranquilizer«. Sie soll helfen, die Krise der westlichen Zivilisation zu übertünchen: »Die Mindfulness-Erfinder – unzufriedene amerikanische Hippies – haben mit der Meditation ein Element des Buddhismus herausgepickt. Aber das, was die buddhistische Lebensweise ausmacht, haben sie eliminiert: das Leiden zu akzeptieren oder Verzicht …«[101] – besser kann man die Übereinstimmung der Lehre des Buddhismus und des Stoizismus in dieser Frage der Akzeptanz des Schicksals und des Verzichts nicht formulieren. Als antike Philosophie mit den Teilgebieten Physik und Logik verlangt der Stoizismus traditionell und eindeutig von seinen Anhängern, den Verstand einzusetzen; das Teilgebiet der Ethik steht dieser Forderung nicht nach.

Auch die moderne kognitive Verhaltenstherapie in der Nachfolge des Stoizismus setzt eindeutig auf die Prozesse innerhalb des Verstandes. Weil sie sich mit dem Verstand an die herausragendste Eigenschaft des Menschen wendet, ist sie deshalb auch so erfolgreich und wissenschaftlich nachgewiesen effektiv (vergleiche Kapitel »Warum der Stoizismus wirksam ist«, Seite 137ff.).

Praxisanleitung: mit Krankheit leben

Obwohl es die Domäne des Stoizismus ist, Stress und nachfolgende psychische Probleme vorbeugend zu verhindern, unterstützt er uns auch bei bereits eingetretenen Schicksalsschlägen. Nehmen wir an, bei Ihnen wurde Krebs festgestellt. Was würden die Stoiker Ihnen raten, wie Sie damit umgehen sollen?

Epiktet würde Ihnen seine Vorstellungs- und Machtprüfung ans Herz legen. Doch es wirkt auf den ersten Blick hart und unsensibel, eine Krebserkrankung nur als eine »unangenehme Vorstellung« zu bezeichnen. Wenn wir aber genauer hinschauen, verstehen wir, dass das Fehlwachstum der Zellen beim Krebs einfach zum Leben gehört, eine Realität in unserer Welt darstellt und jährlich eine bestimmte Anzahl von Menschen betrifft.

Auf der anderen Seite sollten wir uns nichts vormachen; schließlich wissen wir ziemlich genau, was mit dieser Erkrankung auf uns zukommt. Sie dürfen als Stoiker die Emotionen Wut, Angst und Trauer zulassen, sollten sie aber zeitlich begrenzen und möglichst schnell zu einer vernünftigen Sicht der Dinge kommen. Wenn Sie es nicht tun, werden Sie sich mit folgenden Gedanken quälen:

- »Jetzt werde ich bald sterben!«
- »Ich werde starke Schmerzen haben!«
- »Mein Körper wird verfallen!«
- »Ich werde ein Pflegefall!«

Diese unangemessenen Vorstellungen – Sie wissen ja gar nicht, ob dies alles genauso eintreten wird – bringen ein zweites großes Problem hervor. Wenn Sie diesen Gedanken nachgeben, werden Sie auf lange Sicht depressiv und ängstlich werden; sehr viele Krebspatienten entwickeln eine derartige reaktive Depression.

Neben der Krebserkrankung haben Sie nun noch eine zusätzliche Krankheit erworben, nämlich eine seelische Verstimmung. Sie verschlechtert Ihr Befinden und Ihre Heilungsaussichten zweifach:

- Zur krebsbedingten Müdigkeit kommen erstens noch die seelische Leistungsschwäche, Antriebsstörung und Motivationslosigkeit dazu.
- Über psychoneuroimmunologische Vorgänge behindert Depression zweitens Ihre Immunabwehr, dadurch können Sie den Krebs schlechter bekämpfen (vergleiche Kapitel: »Warum der Stoizismus doch gesund macht« Seite 114ff.).

Daher ist es sehr anzuraten, eine zusätzliche, reaktive Depression zu verhindern – der Stoizismus oder eine kognitive Verhaltenstherapie helfen Ihnen dabei.

Ein anderer ungünstiger soziokultureller Einflussfaktor ist der Gesundheitskult, der sowohl die Gesellschaft als auch das Gesundheitssystem seit Jahrzehnten erfasst hat. Wir geben uns der falschen Utopie einer »leidensfreien Gesundheitsgesellschaft« hin und verklären sie zum »höchsten gesellschaftlichen Wert«[102] – als schwer kranker Patient gehören Sie nicht mehr dazu, Sie stehen im gesellschaftlichen Abseits – also befreien Sie sich von diesem Unsinn!

Für die Stoiker war es klar, dass nur innere Dinge des Geistes und Verstandes in unserer Macht sind und nicht Äußere wie unser Körper – sie sind gleichgültig. Epiktet präzisiert das bildlich: »Krankheit behindert aber nicht unseren Willen … ein lahmes Bein behindert das Bein, aber nicht den Willen.«[103]

Epiktet weiß, wovon er spricht, er hatte ja selbst fast sein ganzes Leben lang ein gelähmtes Bein. Auf den Krebs übertragen bedeutet das: Der Krebs behindert unseren Willen nicht. Ohne

Zweifel lebt es sich ohne Krankheit bequemer, aber das gute Leben hängt davon nicht ursächlich ab.

Als Hausarzt lernte ich Patienten kennen, die körperlich gesund waren; dennoch litten sie an hypochondrischen Störungen, glaubten, körperlich krank zu sein, und waren damit fast ihr ganzes Leben lang unglücklich und unzufrieden. Andererseits sind mir Menschen mit schweren körperlichen Krankheiten begegnet, die dennoch eine gewisse Gelassenheit, ja sogar Zufriedenheit und einen gesunden Lebenswillen ausstrahlten.

Die Stoiker haben diese Einstellung, dass ein zufriedenes und glückliches Leben nicht nur auf körperliche Gesundheit zurückgeht, aufrichtig und authentisch vertreten. Wir tun gut daran, diese Einstellung von ihnen zu übernehmen. Ein gutes Leben hängt nicht von Äußerlichkeiten wie Gesundheit und Krankheit ab, sondern von unseren inneren Werten, unserem Willen und unseren Wünschen und Zielen, die unsere Seelenruhe bestimmen.

Konkret sollen Sie bei schwerer Erkrankung …

- … Ihre *Vorstellung* überprüfen, ob die Krebserkrankung automatisch »schrecklich« ist,
- … den Krebs als Realität und Schicksal akzeptieren,
- … sich auf das, was in Ihrer *Macht* liegt, konzentrieren: das Ziel einer Besserung mit Ihrem Willen zu fördern. In der Krebsforschung spielt die »Genesung wider Erwarten« als Spontanheilung oder -remission eine gewisse Rolle, dabei kommen auch psychoneuroimmunologische Faktoren zum Tragen. Diese können wir hauptsächlich wiederum mit dem Stoizismus beeinflussen.

Dann handeln Sie:

- Trotz allem blicken Sie mit etwas *Optimismus* in die Zukunft.
- Sie sind *ergebnisoffen*: Sie versuchen alles, um eine Besserung/Heilung herbeizuführen, akzeptieren aber das Ergebnis.
- Sie sind *vernünftig*: Sie gehen sinnvoll vor (planen die Therapie optimal, wenden evidenzbasierte Verfahren an).
- Sie sind *tugendhaft*: Sie gehen diszipliniert (halten den Therapieplan ein) und mutig (stellen sich den Herausforderungen und Risiken) mit Ihrer Krankheit um.

Der Stoizismus führt über die seelische Gelassenheit zur seelischen Gesundheit. Wir erreichen dies, indem wir in schwierigen Situationen die Vorstellungs- und Machtprüfung anwenden. Mit der stoischen Achtsamkeit, der *prosoché*, gelingt es uns, unangenehme Gefühle als Ausgangspunkt für unsere Anwendungen aufzuspüren. Wenn wir diese Übungen frühzeitig und regelmäßig einsetzen, können wir damit Krankheiten vermeiden. Und selbst wenn wir bereits schwer erkrankt sind, hilft uns die Vorstellungs- und Machtübung dabei, die Krankheit anzunehmen und mit ihr zu leben. Das seelische Wohlbefinden verbessert dabei zusätzlich unsere körperlichen Heilungschancen im Rahmen der etablierten, bestmöglichen medizinischen Therapien.

Warum der Stoizismus wirksam ist

In der Antike war das wissenschaftliche Fach der Logik weit verbreitet, wir gehen heute dagegen sehr sparsam damit um; dennoch möchte ich mit ihren Gesetzen nachweisen, dass der Stoizismus wirksam ist:

- Seine wesentlichen Aussagen stimmen weitgehend mit den Therapieprinzipien der modernen kognitiven Verhaltenstherapie überein (Deckungsgleichheit).
- Die modernen Vertreter der kognitiven Verhaltenstherapie bestätigen, dass ihre Wurzeln im Stoizismus liegen.
- Die kognitive Verhaltenstherapie ist nachweislich sehr effektiv.

Aus diesen Fakten können Sie schlussfolgern, dass, wenn der Stoizismus die Grundlage der modernen Verhaltenstherapie darstellt und diese nachweislich wirksam ist, es der Stoizismus dann zwangsläufig auch sein muss.

Deckungsgleichheit von Stoizismus und moderner Psychologie

Ich vergleiche die wesentlichen Aussagen der Stoiker zur Vorstellungs- und Machtprüfung mit denen der wichtigsten Vertreter der kognitiven Verhaltenstherapie, wie zum Beispiel Albert Ellis. Zusätzlich füge ich noch Byron Katie an, auch um zu zeigen, dass sie wohl intuitiv und ohne wissenschaftlichen Hintergrund eine ähnlich wirksame Therapieform erschaffen hat.

Vorstellungsprüfung:
Stoa:
»… du bist nicht, was du scheinst, sondern nur eine Vorstellung.«
Ellis:
»iB« (irrational believe) = dysfunktionale Vorstellung
Byron Katie:
Frage 1: »Ist das wahr?«
Frage 2 : »Können Sie absolut sicher sein, dass das wahr ist?« Zusätzlich führt die Umkehrung die Ausgangsvorstellung ins Gegenteil über.

Machtprüfung:
Stoa:
Nicht in meiner Macht: Äußeres, die Realität, mein Schicksal
Ellis:
Nicht in meiner Macht: Erfolg, Anerkennung durch andere Menschen, Erfüllung von Wünschen
Katie Byron:
Nicht in meiner Macht: die Angelegenheiten anderer Menschen, die Angelegenheiten Gottes

Wurzeln liegen im Stoizismus

Sehen nun die Vertreter der kognitiven Verhaltenstherapie selbst eine Verbindung zum Stoizismus?

Der Psychologe Burkhard Hoellen, der mit Ellis zusammenarbeitete, schreibt in einem gemeinsamen Buch über die REVT, Ellis habe »immer wieder auf seine philosophischen und historischen Vorläufer hingewiesen und in der griechischen und römischen Stoa den eigentlichen Ursprung dieser Therapieform gesehen ... Epiktet wird so zum Ausgangspunkt moderner Therapieverfahren; seine Worte können wahrscheinlich als die zurzeit meistzitierten Worte in der Klinischen Psychologie gelten«.[104]

Ellis berühmter psychiatrischer Kollege Beck: »Die philosophischen Wurzeln der kognitiven Therapie können bis zu den Stoikern ... Seneca, Epiktet und Marcus Aurelius zurückverfolgt werden.«[105]

Wirksame Lebensphilosophie

Wie wird nun die Güte der kognitiven Psycho- und Verhaltenstherapien bewertet? In Übersichtsarbeiten (Metaanalysen) von 2006 und 2012 hat sich die »kognitive Verhaltenstherapie ... insbesondere in der Behandlung von Phobien, Panikattacken, Depressionen und Schizophrenie als sehr effektiv erwiesen«.[106]

Das Informationsportal der Neurologen und Psychiater im Netz: »Die Wirksamkeit der kognitiven Psychotherapie für die Behandlung depressiver Störungen ist bisher am besten untersucht und am eindeutigsten nachgewiesen.«[107]

Das *Deutsche Ärzteblatt* zur Psychotherapie allgemein: »Die Effektstärken sind im Vergleich mit Behandlungsmaßnahmen der Organmedizin sehr hoch, und es wird oft ... eine anhaltende Wirkung erzielt.«[108]

Der Stoizismus ist nach wie vor Grundlage der sehr erfolgreichen, modernen kognitiven Verhaltenstherapie; genau deshalb muss er als Lebensphilosophie zwangsläufig ebenso effektiv sein.

Er wendet sich an das herausragendste Kennzeichen des Menschen, an seinen Verstand, und versucht, unsere Kognition günstig zu beeinflussen: Der Mensch »versteht« im wahrsten Sinne des Wortes tatsächlich, was sein Problem verursacht, und kann dann versuchen, es zu ändern.

Die Philosophen der Antike galten als »Ärzte der Seele«, sie entsprachen damals den Psychiatern und Psychologen von heute; allerdings mit einem wesentlichen Unterschied: Die »alten« Philosophen setzten ihre Ratschläge für ein gutes und psychisch stabiles Leben vorbeugend ein; die heutigen Psychiater und Psychologen behandeln jedoch weitgehend schon kranke Menschen.

Was spricht dagegen, diese bewährte, alte Tradition zu neuem Leben zu erwecken?

STOIZISMUS IN KRISENSITUATIONEN

Wie der Stoizismus in Ausnahmesituationen hilft

Es gibt Menschen, die existenzielle Ausnahmesituationen überlebt haben, in denen die bewusste oder unbewusste Anwendung des Stoizismus eine wesentliche Rolle gespielt hat: Der Psychiater Viktor Frankl und die Psychologin Edith Eger haben den Aufenthalt in einem Konzentrationslager überlebt und danach ein erfülltes Leben geführt. Der amerikanische Offizier James Stockdale hat im Vietnamkrieg als Gefangener acht Jahre Gefängnis und Folter überstanden.

Viktor Frankl

Viktor Frankl (1905–1997) stammte aus Wien, wo er auch Medizin studierte und in den 1930er-Jahren als Psychiater arbeitete. Seine bevorzugten Forschungsgebiete waren Depression und Suizid.

1942 wurde er als Jude ins Ghetto Theresienstadt deportiert und gelangte über Auschwitz 1944 schließlich in ein Außenlager des KZ Dachau in der Nähe von Türkheim, wo er im April 1945 von den Amerikanern befreit wurde.

Kurz darauf »befreite« sich Frankl selbst von seinen bedrückenden KZ-Erlebnissen, indem er sie unter dem Titel *Ja zum*

Leben sagen. Ein Psychologe erlebt das Konzentrationslager zu Papier brachte. Das Buch wurde ein Bestseller. Der erste Teil des Titels ist einer Lagerhymne eines KZ- Häftlings aus dem sogenannten Buchenwaldlied entnommen.

Wie hat er es als Mann im Alter von Ende 30, von Beruf Psychiater, geschafft, das KZ zu überleben? Frankl selbst begründet es so: Es sei kein Nachteil, sensitiv zu sein und gegenüber seelischen Prozessen offen: »Empfindsame Menschen … werden daher … trotz ihrer verhältnismäßig weichen Gemütsverfassung die so schwierige äußere Situation des Lagerlebens zwar schmerzlich, aber doch irgendwie weniger destruktiv in Bezug auf ihr geistiges Sein erleben. Denn gerade ihnen steht der Rückzug aus der schrecklichen Umwelt und die Einkehr in ein Reich geistiger Freiheit und inneren Reichtums offen.«[109]

Damit befindet sich Frankl in Einklang mit den ersten Sätzen aus Epiktets *Handbüchlein*, dem *Encheiridion*. Hier legt Epiktet fest, dass nur die Dinge, die aus unserem Inneren kommen, in unserer Macht liegen – aber nicht äußere Ereignisse.

In diesem Sinne fährt Frankl fort: »Die geistige Freiheit des Menschen, die man ihm bis zum letzten Atemzug nicht nehmen kann, lässt ihn auch bis zum letzten Atemzug Gelegenheit finden, sein Leben sinnvoll zu gestalten.«[110]

Epiktet hat ebenso vor mehr als 2000 Jahren deutlich gemacht, dass der Stoiker sich in schwierigen Situationen stets in seine innere Festung zurückziehen könne; er trage sie in Form seiner elementaren philosophischen Prinzipien stets mit sich und könne sie an jedem Ort und zu jeder Zeit umsetzen (vergleiche Kapitel »Autonomie und innere Festung«, Seite 65ff.).

Frankl setzte dieses Prinzip seiner Autonomie im KZ folgendermaßen um: »Da gebrauche ich einen Trick: Plötzlich sehe ich mich selber in einem hell erleuchteten, schönen und warmen, großen Vortragssaal am Rednerpult stehen, vor mir ein interessiert lauschendes Publikum … ich halte einen Vortrag über die Psychologie des Konzentrationslagers! Und mit diesem Trick gelingt es mir, mich irgendwie über die Situation … und über das Leid zu stellen.«[111]

Auch die Stoiker standen dem Tod und dem Sterben gelassen gegenüber. Ebenso Frankl: »… Ein Freund oder eine Frau … ein Lebender oder Toter … oder ein Gott … er erwartet von uns … dass wir nicht armselig, sondern stolz zu leiden und zu sterben verstehen.«[112]

Frankl hat in den Jahren nach Kriegsende seine psychologische Logotherapie entwickelt, die heute zur »humanistischen Psychologie« gehört; kurz zusammengefasst soll sie es dem Menschen ermöglichen, ein sinnvolles und wertvolles Leben zu führen. Als Therapiemethode benutzt er zum Beispiel die Selbstdistanzierung, dazu gehört die »paradoxe Intention«; sie ist verwandt mit der psychotherapeutischen Technik der Konfrontation oder Hyposensibilisierung. Frankl dazu: »Diese logotherapeutische Technik basiert auf dem Einfluss des Versuches des phobischen Patienten, sich das zu wünschen, wovor er sich sehr fürchtet. Auf diese Art und Weise wird nämlich der Angst schließlich der Wind aus den Segeln genommen.«[113]

Als Beispiel nennt er ein Beratungsgespräch mit einer unsicheren und nervösen Studentin. Er verlangt von ihr absichtlich, zu versuchen, noch nervöser zu werden. Sie strengt sich an, muss dann lachen, und das Eis ist gebrochen.[114]

Damit geht seine Logotherapie sehr deutlich auf stoische Ansichten zurück. Die Konfrontationsbehandlung hatte bereits Seneca in seiner *Trostschrift an Marcia* verwendet (vergleiche Kapitel »Seneca«, Seite 16ff.). Außerdem entspricht es bester stoischer Tradition, dysfunktionale Vorstellungen wie Ängste infrage zu stellen.

Viktor Frankls wissenschaftliche Ansichten und Ideen hatten einen starken Bezug zum Stoizismus. Sie halfen ihm bei der Vision, eine eigenständige psychologische Therapieform zu entwickeln, und trugen maßgeblich dazu bei, das Konzentrationslager zu überleben. Frankl hatte in den 1970er-Jahren Kontakt mit Edith Eger, seiner wissenschaftlichen Kollegin und Leidensgenossin im KZ.

Edith Eger

Edith wurde 1927 als jüngste von drei Töchtern der Familie Elefant geboren. Sie wuchs in einem jüdischen Elternhaus in Ungarn auf, der Vater war Schneider, ihre Geschwister waren musisch veranlagt. Edith schaffte es in die Olympiaauswahl für Kunstturnen und Ballett, die Teilnahme wurde ihr jedoch aufgrund der NS-Rassengesetze verboten.

Tragischerweise hat die Familie mehrere Fluchtmöglichkeiten aus Ungarn ausgeschlagen. Im März 1944 wurden Edith, ihre Eltern und ihre Schwester Magda ins ungarische Ghetto verbracht und schließlich ins KZ Auschwitz in Polen deportiert. An der Rampe selektierte der berüchtigte KZ-Arzt Josef Mengele (1911–

1979) die Häftlinge mit angedeuteten Daumengesten in Richtung Gaskammer (Ediths Eltern) oder Arbeitslager (Edith und ihre Schwester Magda). Im Lager passierten sie die Pforte mit dem zynischen Schriftbogen: »Arbeit macht frei«.

Edith sollte Mengele noch ein zweites Mal persönlich begegnen; diese Schlüsselszene in ihrem Leben hat sie 2017 zum deutschen Titel ihres Bestsellers angeregt: *In der Hölle tanzen. Wie ich Auschwitz überlebte und meine Freiheit fand.* Eger schreibt: »Er ist ein kultivierter Mörder und Bewunderer der Kunst. An den Abenden durchstreift er die Baracken auf der Suche nach talentierten Häftlingen, die ihn unterhalten sollten.«[115] Mengele brachte sie in einen Raum mit einem Häftlingsorchester. »›Kleine Tänzerin‹, sagte Dr. Mengele, ›tanz für mich.‹« Edith tat es: »Ich tanze. Ich tanze. Ich tanze in der Hölle.«[116]

Und als sie wie im Rausch mit geschlossenen Augen tanzte, stieg in ihr die Vision der eigenen inneren Freiheit hoch: »Ich erkenne, dass Mengele, der erfahrene Mörder, der heute meine Mutter ermordet hat, bemitleidenswerter ist als ich. Ich bin frei in meinem Kopf, was er niemals sein kann. Er wird immer mit dem leben müssen, was er getan hat. Er ist gefangener, als ich es bin.«[117]

Ediths Ausspruch stellt eine mustergültige Anwendung stoischer Prinzipien dar: Sie nimmt einen Perspektivwechsel vor, indem sie unbewusst die Epiktet'sche Vorstellungsprüfung durchführt. Sie erkennt, dass ihre Werte und Ziele nach der Machtprüfung ausschließlich ihr gehören und nicht Mengele: Sie ist damit frei. Edith handelt tugendhaft und ethisch gut, Mengele nicht.

Nach dem Krieg entzog sich Mengele seiner Bestrafung als Kriegsverbrecher, indem er nach Südamerika floh. Im Alter von

69 Jahren ertrinkt er infolge eines Schlaganfalls beim Schwimmen. Edith Eger wird recht behalten haben, dass Mengele unter der Bürde seiner Untaten kein gutes Leben vergönnt gewesen sein dürfte.

Nach mehreren Verlegungen in verschiedene Konzentrationslager werden Edith und ihre Schwester Magda im Mai 1945 von amerikanischen Soldaten in einem Leichenberg liegend in Gunskirchen in Österreich gerettet. Edith hatte ein Körpergewicht von 32 Kilogramm und litt an einem Wirbelkörperbruch.

Schließlich kehrten die beiden Schwestern in ihre ungarische Heimatstadt zurück, und Edith heiratete den Großgrundbesitzer und Industriellen Bela Eger. Da in Ungarn eine erneute Diktatur durch die Kommunisten entstand, floh die Familie – inzwischen mit Tochter – sehr abenteuerlich und emotional bewegend nach Amerika. Dort holte Eger schließlich doch ihre Vergangenheit ein. Sie haderte mit ihrem Schicksal und nahm entgegen ihren bisherigen Prinzipen eine Opferrolle ein: »Wir bleiben so lange Opfer, wie wir andere Menschen für unser Wohlbefinden verantwortlich machen«.[118]

Erst als ihr das Buch ihres KZ-Leidensgenossen, des Neurologen Viktor Frankl, in die Hände kam, besann sich Eger. Sie absolvierte ein Psychologiestudium und wurde später zu einer Spezialistin für die Behandlung von posttraumatischen Belastungsstörungen. Im Studium hatte sie in den 1970er-Jahren die Ikone der kognitiven Psychologie, Albert Ellis, sowie den berühmten Psychologen Martin Seligman persönlich kennengelernt. Damit nahm sie im Grunde die offizielle Verbindung mit dem Stoizismus in Form seiner modernen Nachfolger auf.

Einige Jahre später stellte sie sich ihrer Vergangenheit und übernachtete bei einer Vortragsreise nach Deutschland im Hotel »Walker« in Berchtesgaden im selben Bett, in dem der NS-Politiker Joseph Goebbels (1897–1945) früher genächtigt hatte.

Eger erhielt 1990 ihre innere Freiheit endgültig zurück, als sie mit ihrem Schicksal abschloss und Auschwitz besuchte: »Ich verlasse Auschwitz. Ich gehe unter den Worten ARBEIT MACHT FREI hindurch … (da) sehe ich plötzlich einen Funken Wahrheit in den Worten über mir. Arbeit hat mich tatsächlich freigemacht … es ist die innere Arbeit … Ich bin frei.«[119]

Noch deutlicher kann man die Vorstellungsprüfung von Epiktet nicht erfüllen und eine alternative Sichtweise einnehmen. Die moderne Nachfolgerin der Stoiker, die Amerikanerin Byron Katie, formuliert es auf theoretischer Basis ähnlich drastisch: »Selbst wenn Sie und Ihre Familie nach Auschwitz gebracht werden, leiden Sie nur dann, wenn Sie einen unwahren Gedanken glauben. Ich liebe die Wirklichkeit.«[120]

Doch Eger bestätigt es aus ihrer praktischen Erfahrung ausdrücklich: »Unsere qualvollen Erfahrungen sind keine Belastung, sie sind ein Geschenk.«[121] Hiermit betonen beide Autorinnen unisono ihre stoische Liebe zum Schicksal.

Bei Edith Eger ist es nicht nachgewiesen, dass sie als junge Frau Kontakt mit der Philosophie des Stoizismus gehabt und sich dafür interessiert hätte. Dennoch verhielt sie sich, wie ich nachweisen konnte, anscheinend unbewusst im Einklang mit stoischen Prinzipien. Dies half ihr maßgeblich dabei, die qualvolle Zeit im Konzentrationslager zu überleben. Als Psychologin suchte sie dann später die Nähe zu Persönlichkeiten, die dem Stoizismus nahe standen, wie Albert Ellis, Martin Seligman und Viktor Frankl.

James Stockdale

James Stockdale (1923–2005) war einer der am höchsten ausgezeichneten Offiziere der US-Navy. Sein Flugzeug geriet im Vietnamkrieg (1955–1975) unter Beschuss. Als er abstürzte, sagte er zu sich selbst, dass er nun »in die Welt Epiktets eintrete«.[122] Er meinte damit nicht, dass ihm ein Philosophieseminar bevorstand, sondern er wusste, was ihn nach seinem Absturz erwartete …

James Stockdale war im vietnamesischen Kriegsgefangenenlager »Hanoi Hilton« der ranghöchste US-Offizier. Seine Gefangenschaft dauerte acht Jahre, von 1965–1973, und er wurde mehr als 20-mal gefoltert.

Der US-amerikanische Managementexperte Jim Collins (geboren 1958) war von Stockdales Charakter schwer beeindruckt und benutzte seine Erfahrungen als Grundlage für seine Führungskräfte-Motivationstheorie. Collins hat Stockdale in seinem Buch *Der Weg zu den Besten* ein Kapitel gewidmet und ihn zu seinen Erfahrungen persönlich interviewt.

Collins effektive Management-Strategie, die er von Stockdales Erfahrungen ableitete, beruht auf einer »wirkungsvollen psychologischen Zweigleisigkeit: Einerseits wurden die harten Fakten mit stoischer Gelassenheit zur Kenntnis genommen, andererseits bewahrte man sich den Glauben an ein gutes Ende … Wir nannten sie das ›Stockdale-Paradox‹.«[123]

Welche Techniken hat nun Stockdale konkret in den qualvollen Jahren der Kriegsgefangenschaft angewandt? Nach Collins übernahm er die Verantwortung im Lager und sorgte so gut wie möglich für sich und seine Kameraden:

- Einmal fügte er sich mit einer Rasierklinge selbst Verletzungen im Gesicht zu, um nicht für Propagandazwecke der Vietnamesen missbraucht werden zu können.
- In Briefen an seine Ehefrau versteckte er kodierte Geheimbotschaften.
- Er entwickelte ein internes Kommunikationssystem mit Zeichen für Einzel- oder Dunkelhaft.
- Er legte abgestufte Regeln für Folterungen fest, wann und wie man Geheimnisse verraten durfte, um zu überleben.

Besonders die letzte Maßnahme zeigt deutlich, dass Stockdale trotz der scheinbar aussichtslosen Situation auf autonomes Handeln setzte. Dadurch schuf er für sich und seine Männer ein Gefühl der Stärke und Freiheit, ähnlich wie die Leidensgenossen Eger und Frankl in den Konzentrationslagern.

In ihrem Gespräch befragt ihn Collins zum Überleben im Lager: »Wer hat's nicht geschafft?« »Das kann ich Ihnen sagen«, antwortete Stockdale, »Die Optimisten.«[124] Collins zeigt Unverständnis. Daraufhin Stockdale: »Ja, die Optimisten. Sie sagten sich: ›Weihnachten sind wir zu Hause.‹ Und als Ostern vorbei war, machten sie sich wieder Hoffnung auf Weihnachten. Sie starben an gebrochenem Herzen.«

Dieser Gedanke widerspricht aber nicht den Empfehlungen der Psychologen Beck und Seligman zum Optimismus. Er wirkt nur dann schädlich, wenn man ihn falsch anwendet, also in der Folge die Realität nicht akzeptieren will oder man nicht ergebnisoffen handelt. Stockdale durfte sich eine Entlassung aus der Kriegsgefangenschaft wünschen, aber wenn es bis Ostern nicht eintrat, musste er das annehmen, durfte jedoch weiter hoffen.

Als verwandte Persönlichkeiten mit überragenden Führungsqualitäten und innerer Stärke nennt Collins den britischen Premier Winston Churchill (1874–1965) und den Neurologen Viktor Frankl. Frankl bestätigt die problematische Rolle der Optimisten aus seiner Erfahrung im Konzentrationslager: »Gerade die grundsätzlichen Optimisten unter uns waren es, die einem dabei oft am meisten auf die Nerven gingen.«[125]

Edith Eger erzählt ein ähnliches Beispiel wie Stockdale: Ein sehr krankes Mädchen im KZ Auschwitz verließ sich auf ein Gerücht, dass alle Häftlinge nach Weihnachten befreit würden. Sie mobilisierte alle Kräfte, um trotz Krankheit zu überleben; sie starb einen Tag nach Weihnachten, die Befreiung hatte nicht stattgefunden.[126]

Stockdale entwickelte seine eigene Strategie, die im half, acht Jahre qualvoller Gefangenschaft zu überleben: »Das ist eine ganz wichtige Lektion. Über den Glauben an ein gutes Ende ... darf man nicht vergessen, sich mit den brutalen Tatsachen der momentanen Situation auseinanderzusetzen.«[127]

Er fährt fort: »... Ich war mir sogar sicher, dass ich am Ende als Sieger hervorgehen und die gemachte Erfahrung zum Schlüsselerlebnis meines Lebens werden würde.«[128] Er ist genauso wie

Edith Eger der Überzeugung: »Im Nachhinein wollte ich nicht tauschen.«[129]

Jim Collins hat aus Stockdales Erfahrungen seine Management-Motivationstheorie entwickelt, die sich aber sicherlich auch für Nicht-Manager eignet; er nennt sie »Stockdale-Paradox«:

»Den Glauben behalten, dass man am Ende siegt – egal, wie schwer es wird.
Und gleichzeitig
sich den brutalen Tatsachen der momentanen Situation stellen – egal, wie unerfreulich sie sind.«[130]

Dies stimmt weitgehend mit dem dritten Teil meines Merksatzes zur »Vorstellungs- und Machtprüfung« überein:

»Denke bei deinen Wünschen optimistisch (= Glaube an den Sieg), handle aber ergebnisoffen (= sich den Tatsachen stellen). Auch hier findet sich das Spannungsfeld zwischen »optimistischem Denken« und »vernünftigem Handeln«, das schließlich mit der höchsten Effizienz zum Erfolg führt.

James Stockdale hat sich in seiner existenziell bedrohlichen achtjährigen Gefangenschaft in Vietnam ausdrücklich auf Epiktet als Handlungsmaßstab berufen. Er ging dabei zielgerichtet, vernünftig und zugleich auch optimistisch vor und trug damit zum eigenen wie auch zum Überleben seiner Kameraden maßgeblich bei.

GEDANKEN ZUR MODERNEN THERAPIE DER DEPRESSION

Neurotische und endogene Depressionen

In diesem Kapitel möchte ich auf eine ungünstige Entwicklung im Bereich der Therapie depressiver Erkrankungen aufmerksam machen. In der Folge zeige ich auf, wie die moderne kognitive Verhaltenstherapie und insbesondere der Stoizismus zur Lösung dieses Problems beitragen.

Die Ursache der Misere ist die Veränderung der Diagnose-Klassifikation. Seit 1900 erfolgt circa alle zehn Jahre eine neue, internationale, einheitliche Einteilung der Diagnose von Krankheiten, genannt ICD (International Classification of Diseases). Nach dem Zweiten Weltkrieg liegt die Verantwortung dafür bei der WHO. Die 10. Version der ICD (ICD-10) wurde in Deutschland 1983 eingeführt und ist seit 1992 gültig. In Kapitel fünf des Diagnosekataloges sind die psychischen Erkrankungen aufgeführt. Aus der damaligen Veränderung der Diagnosen hat sich ein drastischer Wechsel in der Behandlung der Depressionen als zweithäufigste psychische Erkrankung ergeben.

Wie sah die Therapie der depressiven Erkrankungen *vor* der Änderung aus?

In den Jahren vor 1992 gab die Diagnose den Therapeuten Aufschluss über die Ursache des Leidens: Man teilte die Depression damals in nur zwei grundlegende Arten ein: die »endogene« und die »neurotische« Depression.

Die endogene Variante ist seit der Antike als *melancholia* bekannt, sie tritt selten auf: Die Häufigkeit wird mit 1 Prozent der Bevölkerung angegeben.[131] Die Gesamtzahl der depressiven Erkrankungen für Deutschland im Jahr 2016 betrifft 8,2 Prozent der Bevölkerung zwischen 18 und 79 Jahren, also waren in diesem Jahr 5,3 Millionen Menschen an Depression erkrankt.[132] Wenn Sie an einer Depression erkranken, ist es siebenmal wahrscheinlicher, dass es sich dabei um eine neurotische Form handelt als um eine endogene.

Die *endogene Depression* tritt also deutlich seltener auf. Sie ist wörtlich »im Inneren erzeugt«, am ehesten durch einen Mangel an Botenstoffen im Gehirn, hat einen typischen Verlauf und zeigt eine schwere Krankheitsausprägung. Sie wird zudem häufiger in der Familie vererbt (genetischer Faktor).

Die *neurotische Depression* ist eher auf äußere Faktoren und Auslöser zurückzuführen wie Spannungen am Arbeitsplatz oder Partnerschaftskonflikte. Die neurotischen Fehlhaltungen des Patienten sind nichts anderes als die Folge von dysfunktionalen Vorstellungen und unterhalten oder verschlimmern die Verstimmung. Die Krankheitsschwere ist hier eher leicht bis maximal mittelschwer.

Hier zum Vergleich ein Überblick:[133]

BESCHWERDEN	NEUROTISCHE DEPRESSION	ENDOGENE DEPRESSION
Schlaf	Einschlafen schwer	Durchschlafen schwer
Tagesrhythmik	Abendtief	Morgentief
Gefühl	wechselnd, ablenkbar	Gefühllosigkeit, nicht ablenkbar
Selbstbild	Fremdanklage	Selbstanklage
Denken	ungestört	wahnhaft (Schuld)
Verlauf	nicht phasenhaft	phasenhaft

Mit dieser Zweiteilung war ein grobes, aber durchaus sinnvolles Raster für die geeignete Therapieform gegeben: Die eher seltenen, überwiegend schweren Depressionen wurden bis 1992 weitgehend mit Psychopharmaka behandelt. Die vorwiegend leicht bis maximal mittelschweren Verstimmungen mit der Psychotherapie.

Dieses effektive therapeutische Vorgehen änderte sich in den Jahren nach 1992. Angeblich wollte man mit der neuen ICD auf »wertende Begriffe« verzichten und gab den Ursachenbezug mit neurotisch und endogen auf. Die neue Diagnose »depressive Episode« ist nun ohne Hinweis auf ihre Entstehung möglich. Sie ist nur über den Schweregrad (leicht, mittel, schwer) und die Dauer (mindestens zwei Wochen anhaltend) definiert.

Ab da war es gleichgültig, ob die depressive Verstimmung von einem chronischen Konflikt am Arbeitsplatz herrührte (neurotisch) oder ob sie schon seit Jahren ohne äußeren Einfluss in Phasen auftrat (endogen). Die Herkunft der Verstimmung war nicht mehr interessant, sondern nur noch, ob sie leicht, mittel oder schwer ausgeprägt war und seit zwei Wochen bestand.

Mit der Aufhebung der Trennung zwischen neurotisch und endogen sah man auch keinen Grund mehr, die Unterscheidung bei der Behandlung (endogen: Psychopharmaka, neurotisch: Psychotherapie) aufrechtzuerhalten. Dies führte vor allem in der Therapie der neurotischen Depressionen von leichtem bis mittelgradigem Schweregrad zu einer Revolution: Es war nun gerechtfertigt, die deutlich häufigeren neurotischen Depressionen guten Gewissens zweigleisig, also zur bisher etablierten Psychotherapie zusätzlich mit Antidepressiva zu behandeln.

Welche Auswirkungen ergaben sich daraus für die Beteiligten?

Die *Pharmaindustrie* bekam auf einen Schlag Millionen neue Abnehmer für ihre Glückspillen. In Deutschland haben sich zwischen 1990 und dem Jahr 2000 die Verschreibungen für Antidepressiva verdoppelt. Und 2014 verordneten die Ärzte 1401 Millionen Tagesdosen von Antidepressiva, siebenmal so viel wie 1990.[134]

Die *Psychiater* gewannen vor allem im ambulanten Bereich an Popularität. Sie erlangten als Zuständige für die medikamentöse Therapie die Hoheit über die Gesamtbehandlung der depressiven Patienten – sie entschieden sowohl über den Einsatz der Psychotherapie als auch der Medikamente. Wie effizient die Psychiater mit den Medikamenten behandeln, sieht man daran, dass im Jahr 2019 3576 Psychiater 2,5 Millionen Patienten im Quartal ambulant behandelten. 27.103 Psychotherapeuten versorgten dagegen nur 1,5 Millionen Patienten.[135]

Die *Psychotherapeuten* wurden »entlastet«, da ihnen die Psychiater einen großen Teil der Patienten abnahmen. Die Behandlungszahlen psychischer Erkrankungen gingen weltweit ohnehin nach oben.

Und die *Patienten* waren teilweise erleichtert, da sie sich nun nicht mehr durch endlose Gesprächstherapien quälen mussten, in denen sie letztendlich erfuhren, dass sie ihr Leid selbst hervorbrachten. Ab jetzt mussten sie nur noch die Pillen schlucken, die ihnen der Psychiater, manchmal sogar auch der Hausarzt verschrieb!

Tatsächlich könnte man sich mit der neuen Situation abfinden, wenn da nicht ein Problem mit der Wirksamkeit der Antidepressiva wäre: Irving Kirsch hat 2008 in einer aufsehenerregenden Metaanalyse festgestellt, dass für diese Medikamente ein fraglicher Wirkungsnachweis vorliegt. Die Presse titelte damals: »Kaum mehr als Placebo, Antidepressiva wirkungslos.«[136] Der renommierte Münchner Psychiater Hans-Jürgen Möller widersprach vehement.

Wer hat nun recht?

Bei den leicht bis mittelgradigen neurotischen Verstimmungen stehen in der Regel dysfunktionale Vorstellungen als Ursache im Vordergrund. Sie werden dann am effektivsten mit kognitiven Methoden behandelt. Antidepressiva sind hier weitgehend nutzlos,[137] sie können die unpassenden gedanklichen Annahmen der Patienten ja nicht zielgenau rückgängig machen.

Nach dem wichtigen ärztlichen Prinzip *nil nocere* (auf keinen Fall schaden) sollte man daher bei fehlendem Nutzen und potenziellen Nebenwirkungen auf die medikamentöse Therapie verzichten. Dennoch ist es in der ambulanten Behandlung zunehmend üblich, dass Hausärzte oder Psychiater die Therapie weitgehend allein mit Antidepressiva durchführen, begleitet nur von kurzen, stützenden Gesprächen alle 4, 8 oder 12 Wochen. Dabei dürfte der Placeboeffekt der Medikamente überwiegen. Die Nebenwirkungen dieser Mittel dagegen sind real, sie umfassen Abhängigkeit, Suizidneigung, Risiko für Demenz und noch viele weitere substanzspezifische Nebenwirkungen.

Aber auch bei der zweigleisigen Behandlung mit Psychotherapie und Antidepressiva verschwimmt der Heilungsbezug, weil die Psychotherapie realistisch gesehen weitgehend allein für die Wirksamkeit verantwortlich sein dürfte.

Die in den Fachkliniken tätigen Psychiater sind dagegen fast ausschließlich mit schweren Krankheitsfällen konfrontiert. Hier sind die Antidepressiva dann auch wirksam und die Psychotherapien eher nicht, wenn zum Beispiel Denkstörungen vorliegen und damit die Kognition der Patienten gestört ist. Sobald eine Besserung eintritt, kann die kognitive Psychotherapie unterstützend eingesetzt werden. Bei schweren Verläufen rechtfertigt die Nutzen-Risiko-Abwägung den Einsatz der Medikamente.

Im wissenschaftlichen Streit um die Wirksamkeit der Antidepressiva bekommen also beide Seiten recht. Verlierer sind die vielen Patienten mit neurotischer Depression, die medikamentös übertherapiert wurden und werden.

Schließlich lässt sich noch eine weitere, ganz allgemein negative Auswirkung der ICD-Klassifikationen ausmachen: Die Zahl der Diagnosen nimmt mit jeder Novelle des ICD zu. Die Menschen erhalten dann im Bereich der psychischen Erkrankungen für einfache, unerhebliche Befindlichkeitsstörungen medizinische Diagnosen. Das suggeriert ihnen zusätzliche psychische Erkrankungen, die in irgendeiner Form dann auch medizinisch behandelt werden – damit weiten die Ärzte die Therapie aus. Dabei verstoßen wir aber fundamental gegen das entscheidende Prinzip der »Verborgenheit der Gesundheit« des Philosophen Gadamer. Die Beschäftigung mit immer neuen Leiden macht uns kränker, als wir tatsächlich sind, und entfernt uns immer weiter vom Zustand der Gesundheit (vergleiche Kapitel »Warum der Stoizismus doch gesund macht«, Seite 114ff.).

Zusammenfassend führt der fehlende Ursachenbezug der neuen Depressionsdiagnosen mit dem ICD-10 ab 1992 dazu, dass auch leichtere Depressionen unnötigerweise mit dafür nicht wirksamen Medikamenten behandelt werden. Dies fördert den Absatz der Psychopharmaka massiv.

Die zweigleisige Behandlung mit Medikamenten und Psychotherapie verschleiert diesen Effekt noch zusätzlich. Auf der anderen Seite lässt die Ausweitung der Zahl der Diagnosen mit jeder ICD-Novelle die Patienten kränker erscheinen und führt zu weiteren, oft überflüssigen Behandlungen.

Die leichten bis maximal mittelgradigen neurotischen Depressionen bringen die Patienten durch ihre dysfunktionalen Vorstellungen im Rahmen von Konflikten und Problemen selbst hervor. Hier ist eine Psychotherapie – am besten als kognitive Verhaltenstherapie – die Behandlung der Wahl. Sie beruht stark auf stoischen Prinzipien und Techniken, die die Patienten begleitend zur psychotherapeutischen Therapie einsetzen können. Die Antidepressiva sind hier kaum wirksam – die Patienten leiden dagegen unter den potenziellen Nebenwirkungen.

Die endogene, meist schwere Depression liegt nicht im Einflussbereich der Patienten; daher gibt es keine Möglichkeit für sie, diese eigenständig zu behandeln. Die Patienten sind auf fachärztliche Hilfe angewiesen, Psychopharmaka sind wirksam, oft ist zusätzlich ein stationärer Aufenthalt nötig.

Welche Rolle spielt dabei der Stoizismus? Ich werde nicht behaupten, dass die antike Philosophie eine schwere Depression im Alleingang auflösen kann. Aber spätestens jetzt will ich mein Versprechen von der Einleitung des Buches einlösen, dass stoisches Denken und Handeln dazu führt, dass »Sie mit großer Wahrscheinlichkeit seelisch gesund bleiben«: Sie widerlegen mit den stoischen Techniken, vor allem mit der täglichen Übung der Vorstellungs- und Machtprüfung, Ihre dysfunktionalen Vorstellungen. Dadurch wird es unwahrscheinlich, dass Sie überhaupt an einer neurotischen Depression erkranken. So können Sie die am häufigsten auftretende Depressionsform vermeiden. Der deutsche Arzt, königliche Leibarzt und Sozialhygieniker Christoph Wilhelm Hufeland (1762–1836) stimmt dem zu: »Vorbeugen ist besser als heilen.«

Sie befördern mit der stoischen Lebensweise die stoische Seelenruhe und bleiben dadurch nicht nur seelisch, sondern in der Folge auch mit größerer Wahrscheinlichkeit körperlich gesund.

SCHLUSSWORT

Der Stoizismus ist meiner Meinung nach eine herausragende, zeitlose Lebensphilosophie für die praktische Anwendung.

Im Mittelpunkt der Lehre steht, dass wir die Realität und das Schicksal akzeptieren sollen. Doch gerade unsere einzigartige menschliche Eigenschaft – unser Verstand – macht uns hier das Leben schwer: Im Besitz unserer geistigen Fähigkeiten glauben wir, die Realität und unser Schicksal als Menschen selbstständig beeinflussen und ändern zu können. Da es aber eindeutig nicht in unserer Macht liegt, entstehen in der Folge regelmäßig dysfunktionale Gefühle wie Wut, Angst, Hass, Neid und so weiter. Dieser grundlegend kognitiv-emotionale Ablauf hat sich seit der Antike nicht wesentlich verändert, deshalb ist der Stoizismus zeitlos wirksam.

Viele moderne Lebensphilosophien wie die Achtsamkeit oder das Positive Denken versuchen deshalb, den Verstand als Störfaktor für innere Ruhe weitgehend auszuschalten – um den Preis, dass wir damit unsere einzigartige menschliche Eigenschaft hergeben.

Der stoische Weg ist deutlich differenzierter und mehrdimensional: Unsere Wünsche dürfen wir optimistisch ausrichten, mit der »negativen Visualisierung« bereiten wir uns »pessimistisch« auf das Schlimmste vor; das Ergebnis unseres Handelns müssen wir realistisch und ergebnisoffen akzeptieren. Mit unserem Verstand und der Vernunft sollen wir unser Denken lebenslang trainieren, um die Dinge zu erkennen, die wir wirklich beeinflussen können. Mit der Vorstellungs- und Machtprüfung von Epiktet gelingt uns das geniale Kunststück, unseren Verstand als häufigen Auslöser unseres potenziellen Unglücks so zu bezähmen, dass er zu unserem Wohlbefinden und Glück beiträgt, indem er dysfunktionale Gefühle zu vermeiden hilft. Im Gemütszustand der Seelenruhe sind vor allem unsere unangemessenen Gefühle begrenzt und abgeschwächt, aber nicht komplett aufgehoben – wir sind nicht völlig gefühllos.

Die Stimmung der Seelenruhe ist aber nicht veraltet, vielmehr ist sie der entscheidende Faktor für seelisches und körperliches Wohlbefinden, und damit auch für Gesundheit: Zum einen ist der gesundheitsfördernde Effekt des Stoizismus philosophisch zu begründen. Der Philosoph Gadamer sieht Gesundheit als verborgenen, passiven Zustand, den wir nicht aktiv erzeugen können – dies stimmt eindeutig mit der stoischen Ansicht überein, dass wir über äußere Dinge wie die Gesundheit keine Macht haben. Damit fördert stoisches Training zwar indirekt, aber doch sehr effektiv unsere Gesundheit.

Zum anderen zeigt die moderne Medizin etwa seit den 1970er-Jahren mit dem Fachgebiet der Psychosomatik, dass unsere seelische Verfassung auch den körperlichen Zustand beeinflusst. Ein weiteres Teilgebiet der Psychosomatik, die Psychoneuroimmunologie, legt der Wechselwirkung zwischen Seele und Körper zusätzlich immunologische Mechanismen zugrunde.

Es ist eine Tatsache, dass die moderne kognitive Verhaltenstherapie in der Behandlung von Depressionen und Angststörungen erfolgreich ist. Da diese Therapie eindeutig und weitgehend stoische Wurzeln hat, ist es legitim, daraus zu folgern, dass die Anwendung des Stoizismus genauso nachhaltig wirksam sein muss. Der entscheidende Vorteil bei Anwendung der Lehre der Stoa besteht jedoch darin, dass wir sie präventiv, also vorbeugend verwenden. Damit kommt es mit großer Wahrscheinlichkeit gar nicht zu seelischen Erkrankungen, sodass eine kurative Psychotherapie überflüssig wird. Dieser präventive Ansatz ist die Domäne der stoischen Lebensphilosophie. Dennoch besitzt sie auch einen kurativen Anteil: Schwere Erkrankungen, die wir vorzugsweise mit der evidenzbasierten Medizin therapieren, können wir mit den stoischen Methoden unterstützen.

Der ideale Zeitpunkt, mit den stoischen Übungen anzufangen, liegt daher eher in der Jugend oder im jungen Erwachsenenalter, wenn unsere dysfunktionalen Vorstellungen in der Regel noch nicht so stark ausgeprägt sind; wenden wir uns der antiken Lebensphilosophie dagegen erst in der Mitte des Lebens auf der Sinnsuche zu, sind unsere dysfunktionalen Ansichten oft schon chronifiziert – wir sollten dann geduldig sein, wenn sich der Erfolg unserer Bemühungen nicht sofort einstellt.

Als Arzt bin ich davon überzeugt, dass uns der Stoizismus die besten Möglichkeiten zur Verfügung stellt, auf unsere seelische und körperliche Gesundheit einzuwirken. Wir nutzen dabei unsere vornehmste menschliche Eigenschaft, unseren Verstand, wir befinden uns in Einklang mit der Vernunft und den Naturgesetzen und haben keine Nebenwirkungen beim Anwenden der stoischen Techniken zu erwarten.

Mein Merksatz fasst die entscheidende Vorgehensweise nochmals zusammen:

- »Gewöhne dich daran, zu etwas Unangenehmem zu sagen: Du bist nicht das, was du scheinst, sondern nur eine Vorstellung.
- Dann prüfe, ob sich die Dinge in deiner Macht befinden: Nicht in deiner Macht stehen äußere Dinge, die Realität und dein Schicksal; in deiner Macht befinden sich deine Werte, dein Wille und deine Wünsche.
- Denke bei deinen Wünschen optimistisch, handle aber ergebnisoffen; gehe dabei insgesamt vernünftig und tugendhaft vor.«

DER AUTOR

Dr. med. Gerhard Gleißner studierte Medizin in München und machte eine Weiterbildung im Akutkrankenhaus mit Abschluss als Facharzt für Allgemeinmedizin. Er ist spezialisiert auf Psychosomatik und evidenzbasierte Medizin. Von 1999–2013 arbeitete er als Hausarzt in eigener Praxis in Amerang, Chiemgau. Seit 2014 ist er als Amtsarzt und Gutachter im öffentlichen Gesundheitsdienst tätig. Nebenberuflich ist er ärztlich-philosophischer Berater mit eigener Internetseite unter *www.stoizismus-und-gesundheit.de*. Er ist verheiratet und hat eine Tochter.

ANMERKUNGEN

Die Stoa

1 www.imperiumromanum.com/wirtschaft/wert/loehne_03.htm, Zugriff 11.06.2022
2 Darstellung nach Olligschläger, Uwe J. (2011) *Die Gesundheit der Seele: Sokrates – Seneca – Epiktet.* Berlin. Lit Verlag. S. 123ff.
3 Olligschläger, Uwe J. (2011) *Die Gesundheit der Seele: Sokrates – Seneca – Epiktet.* Berlin. Lit Verlag. S. 131
4 Olligschläger, Uwe J. (2011) *Die Gesundheit der Seele: Sokrates – Seneca – Epiktet.* Berlin. Lit Verlag. S. 131
5 Long, A. A. (2019) *Über die Kunst der inneren Freiheit.* 1. Auflage. München. FinanzBuch Verlag. S. 145
6 Van Ackeren (2011) *Die Philosophie des Marc Aurel.* Berlin/New York. De Gruyter Verlag. Band 2. S. 700f.

Stoische Erkenntnisse und Techniken mit Einfluss auf die Gesundheit

7 https://duden.de/rechtschreibung/stoisch; Zugriff am 24.06.2022
8 Long, A. A. (2019) *Über die Kunst der inneren Freiheit.* 1. Auflage. München. FinanzBuch Verlag. S.71
9 https://de.wikipedia.org/wiki/Amor_fati; Zugriff am 24.06.2022
10 https://de.wikipedia.org/wiki/Panta_rhei; Zugriff am 24.06.2022
11 Holiday, Ryan (2017) *Der tägliche Stoiker.* München. Finanzbuchverlag. S. 342
12 Katie, Byron (2006) *Byron Katie über Gesundheit, Krankheit und Tod.* München. Wilhelm Goldmann Verlag. S. 79
13 Katie, Byron (2002) *Lieben was ist.* München. Arkana Verlag. S. 34
14 Katie, Byron (2002) *Lieben was ist.* München. Arkana Verlag. S. 34
15 Klug, Martin. (2020) Stoizismus. 2. Aufllage. S. 29
16 Cleß, Carl (2018) Marc Aurel. Wege zu sich selbst. Köln. Anaconda Verlag. S. 92
17 Schmidt, Heinrich (1984) *Epiktet: Handbüchlein der Moral und Unterredungen.* 11. Auflage. Stuttgart. Kröner Verlag. S. 22
18 Long, A. A. (2019) *Über die Kunst der inneren Freiheit.* 1. Auflage. München. FinanzBuch Verlag. S. 67
19 Schmidt, Heinrich (1984) *Epiktet: Handbüchlein der Moral und Unterredungen.* 11. Auflage. Stuttgart. Kröner Verlag. S. 2
20 Long, A. A. (2019) *Über die Kunst der inneren Freiheit.* 1. Auflage. München. FinanzBuch Verlag. S. 59

21 Holiday, Ryan (2017) *Der tägliche Stoiker*. München. FinanzBuchverlag. S. 75
22 Long, A. A (2019) Über die Kunst der inneren Freiheit. 1. Auflage. München. FinanzBuch Verlag. S. 59
23 Robertson, Donald (2019) *Denke wie ein römischer Herrscher*. 1. Aufllage. München. FinanzBuch Verlag. S. 207
24 https://www.spiegel.de/wirtschaft/service/umfrage-gfk-wuensche-der-deutschen-von-guter-fee-a-1022735.html; Zugriff am 24.06.2022
25 Holiday, Ryan (2017) *Der tägliche Stoiker*. München. FinanzBuch Verlag. S. 150
26 Holiday, Ryan (2017) *Der tägliche Stoiker*. München. FinanzBuch Verlag. S. 150
27 Conradi, Jörg (2021) *Gesund 100 Jahre alt werden*. 1. Auflage. Rottenburg. Kopp Verlag. S. 61ff.
28 https://www.deutschlandfunk.de/erich-mielke-ich-liebe-doch-alle-alle-menschen-100.html; Zugriff am 24.06.2022
29 https://de.wikipedia.org/wiki/Goldene_Regel; Zugriff am 24.06.2022
30 Long, A. A. (2019) *Über die Kunst der inneren Freiheit*. 1. Auflage. München. FinanzBuch Verlag. S. 61
31 Holiday, Ryan (2017) *Der tägliche Stoiker*. München. FinanzBuch Verlag. S. 51
32 Long, A. A. (2019) *Über die Kunst der inneren Freiheit*. 1. Auflage. München. FinanzBuch Verlag. S. 163
33 Long, A. A. (2019) *Über die Kunst der inneren Freiheit*. 1. Auflage. München. FinanzBuch Verlag. S. 175
34 Long, A. A. (2019) *Über die Kunst der inneren Freiheit*. 1. Auflage. München. FinanzBuch Verlag. S. 187
35 Holiday, Ryan (2017) *Der tägliche Stoiker*. München. FinanzBuch Verlag. S. 199
36 Ellis, Albert und Hoellen, Burkhard (1997) *Die Rational-Emotive Verhaltenstherapie – Reflexionen und Neubestimmungen*. München. Pfeiffer Verlag. S. 59f.
37 Salzgeber, Jonas (2020) *Das kleine Handbuch des Stoizismus*. 2. Auflage. München. FinanzBuch Verlag. S. 140
38 Vergleiche Irvine, William, B. (2021) *Eine Anleitung zum guten Leben*. 1. Auflage. München. FinanzBuch Verlag. S. 83
39 Irvine, William, B. (2021) *Eine Anleitung zum guten Leben*. 1. Auflage. München. FinanzBuch Verlag. S. 87
40 https://de.wikipedia.org/wiki/Hedonistische_Tretm%C3%BChle; Zugriff am 29.06.2022
41 Dobelli, Rolf (2019) *Die Kunst des guten Lebens*. München. Piper Verlag. S. 88
42 https://de.wikipedia.org/wiki/Walter_Mischel; Zugriff am 24.06.2022
43 Long, A. A.(2019) *Über die Kunst der inneren Freiheit*. 1. Auflage. München. FinanzBuch Verlag. S. 199
44 Cleß, Carl (2018) *Marc Aurel. Wege zu sich selbst*. Köln. Anaconda Verlag. S. 36f.

Der Stoizismus und die moderne Psychotherapie

45 Ellis, Albert und Hoellen, Burkhard (1997) *Die Rational-Emotive Verhaltenstherapie – Reflexionen und Neubestimmungen.* München. Pfeiffer Verlag. S. 18
46 Ellis, Albert (2000) Training der Gefühle. 1. Auflage. Landsberg am Lech. Mvg-Verlag. S. 147
47 Nachfolgend dargestellt nach: Ellis, Albert (2000) *Training der Gefühle.* 1. Auflage. Landsberg am Lech. Mvg-Verlag, und Ellis, Albert (1987) *Wut.* 1. Auflage. München. Goldmann Verlag. S. 18ff., und Ellis, Albert (1993) *Die rational-emotive Therapie.* München. Pfeiffer Verlag
48 Nachfolgend dargestellt nach: Beck et al. (1996) *Kognitive Therapie der Depression.* München. Beltz Verlag
49 Beck et al. (1996) *Kognitive Therapie der Depression.* München. Beltz Verlag. S. 39
50 Nachfolgend dargestellt nach: Katie, Byron (2002). *Lieben was ist.* München. Arkana Verlag
51 Nachfolgend dargestellt nach: Seligman, Martin (1991) *Pessimisten küsst man nicht.* München. Knaur Verlag, und Seligman, Martin (1992) *Erlernte Hilflosigkeit.* Weinheim. Psychologie Verlags Union
52 Seligman, Martin (1991) *Pessimisten küsst man nicht.* München. Knaur Verlag. S. 122
53 Seligman, Martin (1991) *Pessimisten küsst man nicht.* München. Knaur Verlag. S. 323ff.
54 Seligman, Martin (1991) *Pessimisten küsst man nicht.* München. Knaur Verlag. S. 169
55 Vergleiche Seligman, Martin (1991) *Pessimisten küsst man nicht.* München. Knaur Verlag. S. 324f.

Stoischer Umgang mit Krankheit

56 Cleß, Carl (2018) *Marc Aurel. Wege zu sich selbst.* Köln. Anaconda Verlag. S. 171
57 Cleß, Carl (2018) *Marc Aurel. Wege zu sich selbst.* Köln. Anaconda Verlag. S. 157
58 Vergleiche Ellis, Albert (1987) *Wut.* 1. Auflage. München. Goldmann Verlag. S. 33.
59 Cleß, Carl (2018) *Marc Aurel. Wege zu sich selbst.* Köln. Anaconda Verlag. S. 135
60 Cleß, Carl (2018) *Marc Aurel. Wege zu sich selbst.* Köln. Anaconda Verlag. S. 132.
61 Cleß, Carl (2018) *Marc Aurel. Wege zu sich selbst.* Köln. Anaconda Verlag. S. 143
62 Cleß, Carl (2018) *Marc Aurel. Wege zu sich selbst.* Köln. Anaconda Verlag. S. 139
63 Long, A. A. (2019) *Über die Kunst der inneren Freiheit.* 1. Auflage. München. FinanzBuch Verlag. S. 85
64 Long, A. A. (2019) *Über die Kunst der inneren Freiheit.* 1. Auflage. München. Finanzbuch Verlag. S. 85
65 Ellis, Albert (1987) *Wut.* 1. Auflage. München. Goldmann Verlag. S. 33
66 Katie, Byron (2002) *Lieben was ist.* München. Arkana Verlag. S. 35
67 Salzgeber, Jonas (2020) *Das kleine Handbuch des Stoizismus.* 2. Auflage. München. FinanzBuch Verlag. S. 253

68 Vergleiche Jacobi et al. 2016, Erratum zu: Psychische Störungen in der Allgemeinbevölkerung. Studie zur Gesundheit Erwachsener in Deutschland und ihr Zusatzmodul »Psychische Gesundheit«

69 Holiday, Ryan (2017) *Der tägliche Stoike*r. München. FinanzBuch Verlag. S. 51

70 Ware, Bronnie (2013) *5 Dinge, die Sterbende am meisten bereuen.* 1. Auflage. Arkana Verlag. München. S. 5

71 Robertson, Donald (2019) *Denke wie ein römischer Herrscher.* 1. Aufl.. München. FinanzBuch Verlag. S. 273

72 Long, A. A. (2019) *Über die Kunst der inneren Freiheit.* 1. Auflage. München. FinanzBuch Verlag. S. 67

73 Irvine, William, B. (2021) *Eine Anleitung zum guten Leben.* 1. Auflage. München. FinanzBuch Verlag. S. 223

74 Katie, Byron (2006) *Byron Katie über Gesundheit, Krankheit und Tod.* München. Wilhelm Goldmann Verlag. S. 70

75 Katie, Byron (2006) *Byron Katie über Gesundheit, Krankheit und Tod.* München. Wilhelm Goldmann Verlag. S. 82/83

76 Vergleiche Kübler-Ross, Elisabeth und Kessler, David (2006) *Dem Leben neu vertrauen.* 4. Auflage. Stuttgart. Kreuz Verlag

77 Irvine, William, B. (2021) *Eine Anleitung zum guten Leben.* 1. Auflage. München. FinanzBuch Verlag. S. 171f.

78 Holiday, Ryan (2017) *Der tägliche Stoiker.* München. FinanzBuch Verlag S. 372

79 Irvine, William, B. (2021) *Eine Anleitung zum guten Leben.* 1. Auflage. München. FinanzBuch Verlag. S. 172

80 Katie, Byron (2006) *Byron Katie über Gesundheit, Krankheit und Tod.* München. Wilhelm Goldmann Verlag. S. 81/82

81 Vergleiche Cleß, Carl (2018) *Marc Aurel. Wege zu sich selbst.* Köln. Anaconda Verlag. S. 143

82 Vergleiche Laskowsky, Paul M. (1988) *Epikur. Philosophie der Freude,* 1. Auflage. Leipzig. Insel Verlag

83 Hossenfelder, Malte (2006) *Epikur.* 3. Auflage. München. Beck Verlag. S. 95

84 Katie, Byron (2006) *Byron Katie über Gesundheit, Krankheit und Tod.* München. Wilhelm Goldmann Verlag. S. 27

85 Katie, Byron (2006) *Byron Katie über Gesundheit, Krankheit und Tod.* München. Wilhelm Goldmann Verlag. S. 13

86 Long, A. A. (2019) *Über die Kunst der inneren Freiheit.* 1. Auflage. München. FinanzBuch Verlag. S. 171

87 Gadamer, Hans-Georg (1993) *Über die Verborgenheit der Gesundheit.* 1. Auflage. Frankfurt am Main. Suhrkamp Verlag, S. 143/144

88 Cleß, Carl (2018) *Marc Aurel. Wege zu sich selbst.* Köln. Anaconda Verlag. S. 63

89 Vergleiche Statistisches Bundesamt, Pressemitteilung 505 vom 04.11.2021

90 Vergleiche Schmid, S. et al (1996) *Praxisleitfaden Allgemeinmedizin.* 1. Auflage. Ulm, Stuttgart, Jena, Lübeck. Gustav Fischer Verlag. S. 659

91 Vergleiche Schmid, S. et al (1996) *Praxisleitfaden Allgemeinmedizin*. 1. Auflage. Ulm, Stuttgart, Jena, Lübeck. Gustav Fischer Verlag. S. 659

92 Vergleiche https://de.wikipedia.org/wiki/Psychoneuroimmunologie; Zugriff am 26.06.2022

93 https://www.aerzteblatt.de/nachrichten/77888/Psyche-und-Krebs-Viele-glauben-an-Zusammenhang. Zugriff am 05.11.2022.

94 Long, A. A. (2019) *Über die Kunst der inneren Freiheit*. 1. Auflage. München. FinanzBuch Verlag. S. 127

95 Vergleiche Kabat-Zinn, Jon (2011) *Gesund durch Meditation*. München. Knaur Verlag

96 Tolle, Eckhart (2016) *Jetzt!* 9. Auflage. Bielefeld. Kamphausen Verlag. S. 25

97 Tolle, Eckhart (2016) *Jetzt!* 9. Auflage. Bielefeld. Kamphausen Verlag. S. 32

98 Tolle, Eckhart (2016) *Jetzt!* 9. Auflage. Bielefeld. Kamphausen Verlag. S. 35

99 Tolle, Eckhart (2016) *Jetzt!* 9. Auflage. Bielefeld. Kamphausen Verlag. S. 38

100 Vergleiche Purser, Ronald (2019) *McMindfulness. How Mindfullness became the new Capitalist Spirituality*. London

101 Zeldin, Theodore im Interview mit der *Wiener Zeitung* am 10.5.2017 6:35 Uhr

102 Vergleiche Dörner, Klaus, *Deutsches Ärzteblatt* 2002; 99: A 2462-2466 (Heft 38)

103 Long, A. A. (2019) *Über die Kunst der inneren Freiheit*. 1. Auflage. München. FinanzBuch Verlag. S. 71

104 Ellis, Albert und Hoellen, Burkhard (1997) *Die Rational-Emotive Verhaltensthera-pie – Reflexionen und Neubestimmungen*. München. Pfeiffer Verlag. S. 50

105 Beck et al. (1996) *Kognitive Therapie der Depression*. München. Beltz Verlag. S. 39

106 Andrew C. Butler et al. (2006) The empirical status of cognitive-behavioral therapy: a review of meta-analyses. In: *Clinical psychology review* 26.1: 17–31; Stefan G. Hofmann et al. (2012) The efficacy of cognitive behavioral therapy: a review of meta-analyses. In: *Cognitive therapy and research* 36.5 427–440

107 https://www.neurologen-und-psychiater-im-netz.org/psychiatrie-psychosomatik-psychotherapie/stoerungen-erkrankungen/depressionen/psychotherapeutische-verfahren/; Zugriff am 26.06.2022

108 https://www.aerzteblatt.de/app/print.asp?id=35; Zugriff am 26.06.2022

Stoizismus in Krisensituationen

109 Frankl, Victor (2020) ... *Trotzdem Ja zum Leben sagen*. 9. Auflage. München. Kösel Verlag. S. 61

110 Frankl, Victor (2020) ... *Trotzdem Ja zum Leben sagen*. 9. Auflage. München. Kösel Verlag. S. 103

111 Frankl, Victor (2020) ... *Trotzdem Ja zum Leben sagen*. 9. Auflage. München. Kösel Verlag. S. 113

112 Frankl, Victor (2020) ... *Trotzdem Ja zum Leben sagen*. 9. Auflage. München. Kösel Verlag. S. 125

113 Frankl, Victor (2011) *Ärztliche Seelsorge. Grundlage der Logotherapie und Existenzanalyse.* Band 4. Wien. Böhlau Verlag. S. 311
114 Frankl, V. E. (1975) Paradoxical intention and dereflection. Psychotherapy: Theory, Research & Practice, Division of Psychotherapy (29), American Psychological Association, 12, 226
115 Eger, Edith (2019) *In der Hölle tanzen.* 2. Auflage. München. btb Verlag. S. 83
116 Eger, Edith (2019) *In der Hölle tanzen.* 2. Auflage. München. btb Verlag. S. 84
117 Eger, Edith (2019) *In der Hölle tanzen.* 2. Auflage. München. btb Verlag. S. 85ff.
118 Eger, Edith (2019) *In der Hölle tanzen.* 2. Auflage. München. btb Verlag. S. 415
119 Eger, Edith (2019) *In der Hölle tanzen.* 2. Auflage. München. btb Verlag. S. 402
120 Katie, Byron (2006). *Byron Katie über Gesundheit, Krankheit und Tod.* München. Wilhelm Goldmann Verlag. S. 80
121 Eger, Edith (2019) *In der Hölle tanzen.* 2. Auflage. München. btb Verlag. S. 408
122 Holiday, Ryan (2017) *Der tägliche Stoiker.* München. Division of Psychotherapy (29), American Psychological Association. S. 275
123 Collins, Jim (2001) *Der Weg zu den Besten.* 1. Auflage. München. Deutsche Verlags-Anstalt. S. 114
124 Collins, Jim (2001) *Der Weg zu den Besten.* 1. Auflage. München. Deutsche Verlags-Anstalt. S. 116
125 Frankl, Victor (2011) *Ärztliche Seelsorge. Grundlage der Logotherapie und Existenzanalyse.* Band 4. Wien. Böhlau Verlag. S. 59
126 Vergleiche Eger, Edith (2019) *In der Hölle tanzen.* 2. Auflage. München. btb Verlag. S. 91
127 Collins, Jim (2001) *Der Weg zu den Besten.* 1. Auflage. München. Deutsche Verlags-Anstalt. S. 116
128 Collins, Jim (2001) *Der Weg zu den Besten.* 1. Auflage. München. Deutsche Verlags-Anstalt. S. 115
129 Collins, Jim (2001) *Der Weg zu den Besten.* 1. Auflage. München. Deutsche Verlags-Anstalt. S. 115
130 Collins, Jim (2001) *Der Weg zu den Besten.* 1. Auflage. München. Deutsche Verlags-Anstalt. S. 116

Gedanken zur modernen Therapie der Depression

131 Vergleiche Schmid, S. et al (1996) *Praxisleitfaden Allgemeinmedizin.* 1. Auflage. Ulm, Stuttgart, Jena, Lübeck. Gustav Fischer Verlag. S. 1164
132 Jacobi et al., 2016. Erratum zu: Psychische Störungen in der Allgemeinbevölkerung. Studie zur Gesundheit Erwachsener in Deutschland und ihr Zusatzmodul »Psychische Gesundheit«. In: *Nervenarzt,* 87, S. 88–90
133 Schmid, S. et al (1996) Praxisleitfaden Allgemeinmedizin. 1. Auflage. Ulm, Stuttgart, Jena, Lübeck. Gustav Fischer Verlag. S. 1164

134 Lohse, Martin J. und Müller-Oerlinghausen, B. (2015) Psychopharmaka: Berlin. Springer Verlag. In: Schwabe, U. und Pfaffrath, D. *Arzneiverordnungs-Report.* S. 939ff.

135 https://www.dgppn.de/.../Factsheet_Psychiatrie.pdf PDF Datei; Zugriff am 26.06.2022

136 https://www.arznei-telegramm.de/html/2008_03/0803028_01.html; Zugriff am 26.06.2022

137 J. C. Fournier, R. J. DeRubeis, S. D. Hollon, S. Dimidjian, J. D. Amsterdam, R. C. Shelton, J. Fawcett (2010) Antidepressant drug effects and depression severity: a patient-level meta-analysis. In: *JAMA*. Band 303, Nummer 1, S. 47–53

Stoizismus

Matthew Van Natta

Ein Stoiker zu sein bedeutet, die Fähigkeit zu besitzen, die Ungewissheit von Ereignissen zu akzeptieren und Positivität und Selbstbeherrschung zu verinnerlichen. Mit diesem Stoizismus-Leitfaden lernt der Anfänger, wie er seine Zufriedenheit steigern, gleichzeitig Hindernisse überwinden und damit den Weg zu unerschütterlicher innerer Ruhe finden kann. Der Autor gibt dem Leser genau die Werkzeuge an die Hand, die er braucht, um Dinge loszulassen, die er nicht kontrollieren kann, und Freude an dem zu finden, was er bereits hat. Die ethischen Fragen, Prinzipien und Übungen regen zum Nachdenken an und machen es leicht, sie auf das eigene Leben anzuwenden, um den Weg zu dauerhaftem Glück und Zufriedenheit mit Leichtigkeit zu beschreiten.

m-vg.de/qr/bLvuh

160 Seiten | Hardcover | 15,00 € (D) | ISBN 978-3-95972-479-1

Eine Anleitung zum guten Leben

William B. Irvine

Eine der größten Ängste, denen viele von uns gegenüberstehen, ist, dass wir trotz all unserer Bemühungen am Ende feststellen, dass wir unser Leben verschwendet haben. Doch der Stoizismus, eine der populärsten Denkschulen des Alten Roms, ist auch heute noch unübertroffen in seiner Weisheit – mit dem Ziel, Ängste zu bewältigen und den Weg zu einem ausgeglichenen Leben zu weisen. William Irvine greift die psychologischen Ansätze sowie praktischen Techniken auf und zeigt, basierend auf eigenen Erfahrungen mit der Umsetzung der philosophischen Prinzipien, wie sie jeder in seinem eigenen Leben anwenden kann und damit in die Fußstapfen der alten Philosophen tritt.

m-vg.de/qr/bLvsb

336 Seiten | Hardcover | 17,99 € (D) | ISBN 978-3-95972-361-9

Stoizismus und die Kunst, glücklich zu sein

Donald Robertson

In vielerlei Hinsicht ein Vorläufer der modernen kognitiven Verhaltenstherapie, bietet der Stoizismus ein Arsenal an Strategien und Techniken, um psychologische Widerstandsfähigkeit zu entwickeln und gleichzeitig das Leben zu genießen. Dieses Buch zeigt auf leicht zugängliche Weise, wie sich diese uralten Weisheiten nutzen lassen, um praktische, positive Veränderungen im eigenen Leben vorzunehmen. Anhand zahlreicher Fallbeispiele und der Bereitstellung von praktischen und leicht anzuwendenden Werkzeugen zur Selbsteinschätzung zeigt es, dass der Stoizismus – gerade in unserer heutigen hektischen und herausfordernden Welt – ein bewährter, tief greifender Weg zum Glück ist.

m-vg.de/qr/bLvu5

400 Seiten | Hardcover | 20,00 € (D) | ISBN 978-3-95972-467-8